DEBORA KUDER SARINA PFAUTH

DAS HATTE ICH SO NICHT BESTELLT

WAS WIR AUS ERFAHRUNGEN GELERNT HABEN, DIE WIR NIE MACHEN WOLLTEN

SCM
Hänssler

SCM

Stiftung Christliche Medien

SCM Hänssler ist ein Imprint der SCM Verlagsgruppe, die zur Stiftung Christliche Medien gehört, einer gemeinnützigen Stiftung, die sich für die Förderung und Verbreitung christlicher Bücher, Zeitschriften, Filme und Musik einsetzt.

3. Auflage 2022

Max-Eyth-Straße 41 · 71088 Holzgerlingen
Internet: www.scm-haenssler.de; E-Mail: info@scm-haenssler.de

Umschlaggestaltung: Miriam Gamper-Brühl, www.3kreativ.de
Titelbild: © steve-johnson (unsplash)
Autorenfoto © Debora Kuder
Satz: typoscript GmbH, Walddorfhäslach
Druck und Bindung: Finidr s. r. o.
Gedruckt in Tschechien
ISBN 978-3-7751-6097-1 · Bestell-Nr. 396.097

INHALT

WAS DAS ALLES SOLL

Geht's eigentlich noch? Wie konnte das passieren?

Wir kennen diese Momente. Die Absage vom Job, der perfekt gewesen wäre. Der versemmelte Drittversuch kurz vor Ende des Studiums. Dieser bescheuerte eine Strich auf dem Schwangerschaftstest. Der Satz, der alles kaputt macht.

In diesem Buch erzählen Frauen von den Härten ihres Lebens. Von einer Lebenserfahrung, die sie so nicht haben kommen sehen. Es geht um den Schmerz, den uns das Leben zumutet, die Enttäuschung, den ganzen Ärger, das, was nervt. Manche von uns lieben es, Lebenspläne zu schmieden – je konkreter, desto besser. Hochzeit, Traumjob, Haus mit Garten. Aber dann läuft das Leben doch nicht so rund, wie wir uns das ausgemalt haben.

Das Café, das Susi mitten im hippen Berlin gründete, ging nach drei Jahren pleite. Geblieben ist ein Berg Schulden. Fenja hat schon viele Umzüge hinter sich. Doch das Ankommen und Freundefinden wird auch mit viel Übung nicht unbedingt leichter. Marita wünscht sich schon ihr halbes Leben lang einen Mann, mit dem sie das Leben teilen kann. Doch der ist bislang nicht aufgetaucht.

In Situationen wie diesen fragen wir uns: Standen unsere Pläne irgendwie Gottes Willen im Weg? Wenn wir nach Gottes Reich trachten, sollte uns dann nicht alles andere zufallen? Werden wir materiell so versorgt, dass wir zufrieden sein können? Werden wir den Erfolg im Leben haben, den wir uns erhoffen? Oder kann es sein, dass wir gerade total zu kurz kommen? Und was meinte Jesus da genau, als er sagte, dass er alle Tage bei uns ist. Jesus, hallo?

Für alle unsere Gesprächspartnerinnen ist der Glaube an Gott wichtig. Für Sie als Leserin oder Leser möglicherweise gar nicht. Dieses Buch kann vielleicht eine

Möglichkeit sein, zu entdecken, wie der christliche Glaube in der Krise trägt, oder zumindest zu verstehen, warum er manchen Menschen so wichtig ist.

Es gab Zeiten, in denen einige unserer Gesprächspartnerinnen den Kopf hängen ließen. Andere gingen erhobenen Hauptes weiter. Allen ist gemein, dass sie mit Gott im Gespräch blieben, in ihrem Ärger, in aller Trauer und allem Unverständnis. Auch wenn das bedeutete, den Frust herauszuschreien oder einen anklagenden Brief zu schreiben. Gemeinsam ist ihnen auch, dass die Erschütterung ihren Blick auf das Leben und ihren Glauben veränderte.

Für uns war einer dieser Momente die Krebsdiagnose von Sebastian, unserem Freund und dem Ehemann unserer besten Freundin Mirjam. Jesusnachfolger, Vater, Bruder, Menschenveränderer, Zuhörer, Ideengeber, Vordenker. Er hat uns begleitet, herausgefordert, geprägt, bereichert, unser ganzes Erwachsenenleben lang. Mirjam verlor durch die Krankheit nicht nur ihren Mann und besten Freund, sondern auch den Vater ihrer drei Jungs. Es kann, es darf nicht sein, haben wir gedacht.

Mirjam und Sebastians Geschichte hat auch uns Autorinnen verändert, unseren Fokus, unseren Glauben und unsere Erwartungen. Wie Mirjam ihr Leben als Witwe mit drei Kindern anpackt, hat uns beide so oft inspiriert. Ihre Geschichte erzählt sie ab Seite 155. Aus der Idee, voneinander zu lernen, mit den Härten des Lebens zu leben, ist auch dieses Buch entstanden.

Was hilft uns wirklich durch schwere Zeiten? Dieses Buch soll Raum bieten für die Zweifel und die Zeit, die manches braucht. Wir fragen verschiedene Frauen, weil es nicht nur die eine Antwort für den Umgang mit Enttäuschung und Trauer gibt und was einen durchbringt.

Die Herausforderungen, von denen die Frauen in unserem Buch erzählen, sind so unterschiedlich und individuell wie das Leben selbst: Mechthild muss – nachdem sie immer kerngesund und engagiert war – mit den Einschränkungen einer chronischen Erkrankung leben. Lissy versucht, sich mit ihrer schwierigen Kindheit zu versöhnen. Jele erlebte, wie sich eine große Dunkelheit über ihre Seele legte.

Jedes Päckchen im Leben ist verschieden und auch unterschiedlich schwer. Darf man sich darüber beschweren?

Schwere Zeiten kommen, manchmal passieren sie einfach, und manchmal ist jemand (oder man selbst) schuld. Selbst wenn man genau das kriegt, was man sich wünscht, nämlich zum Beispiel einen Mann und Kinder und einen guten Job, gibt es Tage, an denen der Mann und die Kinder und der Job einfach nur nerven und man sie gerne gebündelt ins Weltall schicken würde. Auch wie man diese Frage sortiert kriegt, ist Thema in mehreren Texten.

Wir haben uns bewusst dafür entschieden, Frauen zu befragen, die nicht nur unterschiedliche Erfahrungen gemacht haben, sondern auch unterschiedlich damit umgegangen sind und unterschiedliche Schlüsse aus dem Erlebten zogen. Wir wollten nicht eine Patentlösung präsentieren, denn die gibt es aus unserer Sicht nicht. So unterschiedlich, wie wir sind, geht Gott auch unterschiedliche Wege mit uns.

Die Interviews und Protokolle machen Hoffnung, schwere Zeiten durchstehen und überstehen zu können, jedenfalls haben sie uns das gemacht. Sie zeigen, dass es okay ist, eine Enttäuschung einfach nur zu überleben. Sie zeigen aber auch, dass man manchmal sogar mit mehr Stärke, mehr Tiefe daraus hervorgehen kann. Und dass die Erwartungen an Gott und das Leben sich dadurch verändern.

Wir haben Frauen ausgewählt, die uns durch ihre innere Freiheit inspirieren. Die frei blieben, auch wenn die Umstände das eigentlich nicht erlaubten. Die sich trauen, darüber zu sprechen, was passiert, wenn man wahnsinnig wütend auf Gott und das Leben und die Menschen drumherum ist. Und die es wagen, der größten Dunkelheit und Trauer in ihrem Leben Freude entgegenzusetzen, auch wenn es jeder Logik widerspricht.

Es gibt nicht immer ein Happy End bei unseren Geschichten. Und auch nicht immer eine Antwort darauf, warum diese Erfahrung jetzt eigentlich sein musste. So wie im echten Leben. Wir lassen auch Frauen zu Wort kommen, die noch keine fertige Deutung ihrer Biografie haben. Nicht auf jede Frage gibt es nur eine Antwort, manchmal widersprechen sich diese auch, und nicht auf jede Frage gibt es überhaupt eine, zumindest in diesem Leben. Wir glauben, dass es Situationen gibt, in denen ganz wunderbare, gereifte Christinnen fühlen, dass alles nur dunkel und verloren ist. Und wir glauben, dass Gott damit auch umgehen kann.

Die Protokolle, Tagebücher und Interviews sind persönliche Geschichten, zunächst. Aber die Erfahrung der Krise ist so universell, dass sie auch Lehrstücke sind, eine Ausrüstung für die nächste eigene Krise, im besten Fall. Denn auch wenn es ganz unterschiedliche Krisen und ganz verschiedene Dinge gibt, die einen durchbringen, so wird doch eines immer deutlich: Sich aufzugeben ist irgendwie kein befriedigendes Konzept. Wer in der Krise steckt, braucht Mut und die Freiheit, Sachen neu zu denken. Sich nicht beschränken zu lassen von dem, wie es bisher war, von eigenen und fremden Erwartungen.

In diesem Buch kommen wir auch mit Expertinnen und Experten ins Gespräch, die das Thema Krisenbewältigung aus theologischer, psychologischer und kulturwissenschaftlicher Sicht bereichern. Dr. Annegret Braun forscht als Ethnologin zum Thema Lebensglück und rückt uns den Kopf zurecht, was unsere Erwartungen an das Leben angeht. Friedegard Warkentin, die vor allem junge Menschen therapeutisch begleitet, erklärt, wie es gelingen kann, mit den Narben der Vergangenheit versöhnt zu leben und dabei nicht nur zu überleben, sondern es krachen zu lassen. Mit Dr. Markus Müller sprechen wir darüber, wie man es vermeiden kann, zu verbittern und stattdessen hoffnungsvoll und positiv älter werden kann. Die Theologie-Professorin Mihamm Kim-Rauchholz beleuchtet die uralte Frage, warum Gott Leid zulässt, und stellt dabei unbequeme Thesen auf.

Wir wünschen uns, dass dieses Buch Ihnen Mut macht – und dass Sie, auch wenn nicht jede Facette von Leid in diesem Buch behandelt wird, einen Gedanken finden, den Sie weiterdenken wollen. Der Ihnen eine andere Perspektive schenkt auf den Kampf, den Sie gerade kämpfen. Und die Gewissheit, dass Gott sich nicht verkrümelt, wenn es eng wird, sondern da ist und bleibt. Was hilft uns also in den

Situationen, in denen etwas nicht geworden ist, wie wir es uns vorgestellt haben? Wir denken: gute Vorbilder, Inspiration, Zuspruch, Hoffnung. Hoffentlich ein Buch wie dieses.

»ES IST SO EINE WUT IN MIR.«
Wenn dein Unternehmen scheitert

Ihr beim Erzählen zuzuhören, macht großen Spaß. Susi Hartmaier ist lustig, selbstironisch, sie hat einen guten Blick für Details, für Menschen, für das Leben. Tanz, Musik, Theater sind Sprachen, mit denen sie sich gut ausdrücken kann, sagt die 35-Jährige. Und Backen.

All diese Sprachen hat sie ordentlich gelernt: Nach ihrem Realschulabschluss machte Susi eine hauswirtschaftliche Ausbildung in Kombination mit ihrem Abitur, später eine einjährige Schauspielausbildung in München, danach ein Studium der Kultur- und Medienpädagogik. Nach ihrem Abschluss arbeitete sie in Berlin bei der blu:boks, einem Kultur-Sozialprojekt in Berlin-Lichtenberg.

Wenn es Susi als Kind nicht so gut ging, so erzählt es ihre Mutter heute, hat sie die Tochter schon früh in die Küche gestellt und sie einen Teig kneten lassen – danach war immer alles wieder gut. Und so waren Susis Freunde und Familie nicht überrascht, als sie sich tatsächlich mit einem Café selbstständig machte, mitten in Berlin, mit Apfelkuchen und Frühstück bis 18 Uhr. Ein Traum, der dann mit einem großen Knall platzte, aber davon wird Susi selbst erzählen.

Herbst 2015

Ich sitze mit Christian, meinem Mitbewohner, in unserer WG-Küche. Wir sind beide gerade auf Jobsuche und überlegen, was wir machen könnten. Für Christian ist klar, dass er sich gerne in der Gastronomie selbstständig machen würde. Ich traue mich das nicht. Von der betriebswirtschaftlichen Seite her fühle ich mich nicht kompetent genug. Wir sitzen am Tisch und gucken uns an. Christian hat eine kaufmännische Ausbildung, ich eine hauswirtschaftliche. Wir denken: Wieso schmeißen wir diese Kompetenzen nicht zusammen? Christian ist außerdem ein sehr guter Koch, wir haben schon zusammen auf Freizeiten gekocht und jedes Jahr gibt es ein großes Weihnachtsessen in unserer WG für alle Freunde. Wir sind also kulinarisch auf der gleichen Wellenlänge. Jeder, dem wir es erzählen, ist gleich begeistert: Wenn nicht ihr, wer dann? Und tatsächlich: Es ist etwas, das ich schon immer machen wollte. Einen eigenen Raum haben, den ich gestalten kann. Leuten außerhalb ihres Zuhauses einen Ort bieten, wo sie sich wohlfühlen, wo sie gut essen und trinken können. Eine gute Arbeitgeberin sein. Das Kochen und Backen ausleben in einem professionellen Rahmen.

Winter 2015/16

Wir nehmen uns fast ein halbes Jahr Zeit, um einen Businessplan zu schreiben, über eine Finanzierung nachzudenken, alles mit dem Jobcenter abzuklären. Wir sind in vielen Cafés unterwegs, um uns von anderen kreativen und klugen Gastronomen inspirieren zu lassen. Wir entwickeln ein eigenes Profil. In Berlin-Friedrichshain gibt es viel fancy Zeug, aber ich habe mich die ganzen Jahre, in denen ich dort schon wohne, nach einem Stück Apfelkuchen mit Streuseln gesehnt und nach Stühlen, auf denen man gut sitzen kann, und einem Ort mit guter Atmosphäre. Wir wollen deshalb ehrliche Küche, Rezepte von meiner Oma, Hausmannskost. Regional und saisonal ist uns wichtig. Und eine offene Küche mit großem Tisch möchten wir haben, wo wir Kochkurse organisieren und die wir für private Feiern vermieten können. Mit unserem Konzept gehen wir zur Bank, fragen Familie und Freunde, ob sie uns finanziell unterstützen, weil wir beide nicht viel Eigenkapital haben. Der Businessplan macht Spaß, weil wir etwas gestalten können. Einfach auf einem Blatt Papier, wir haben noch keine Räume, kein Logo. Es ist wie eine Spielwiese. Ein schöner Prozess, bei dem viel Kreativität freigesetzt wird.

Frühling 2016

Der spannende Part beginnt damit, eine geeignete Immobilie zu finden. Das ist richtig schwierig, weil die Mieten so teuer sind. Wir wollen außerdem in unserem Kiez bleiben, weil wir den am besten kennen. Wir finden ewig nichts, das groß genug, aber bezahlbar ist und eine gute Lage hat.

Und dann klappt es doch: am Boxhagener Platz, dem zentralen Marktplatz im Friedrichshain, wo die ganzen coolen Läden und Cafés und der Wochenmarkt sind. Der Laden, eine ehemalige Kneipe, ist furchtbar. Es riecht nach Pipi, Kaka, Rauch. Ich denke, ich halte es hier keine fünf Minuten aus. Ich will nichts anfassen, es ist so eklig. Aber Christian kann erkennen, was daraus werden könnte. Er malt mir den Grundriss auf. Zur Straße geht ein riesiges Schaufenster, und Christian sieht schon, wie die Leute da drin mit ihrem Kuchenteller und ihrem Kaffee sitzen wie in einem Wohnzimmer, mit schönen Lampen im Fenster und Sofas und Sesseln. Die Miete liegt bei 3 800 Euro kalt. Wir haben durchgerechnet, was wir einnehmen müssen, und wir wissen, dass es erst mal eine knappe Kiste wird, weil es ungefähr drei Jahre dauert, bis ein Café läuft. Wir wissen aber auch, dass wir kaum gute Alternativen haben. Wir schlafen ein paar Nächte schlecht und denken: »Wir sind heiß, wir haben das Konzept in der Schublade, wir machen das.«

Sommer 2016

Wir fahren zur Hausverwaltung, Christian hat vorher schon Kommentare über den Vermieter und die Hausverwaltung im Internet gelesen, aber so recht können wir das alles nicht glauben – leider, im Nachhinein. Wir hätten einfach gleich umdrehen sollen. Wir gehen trotzdem hin und unterschreiben.

September 2016

Wir renovieren. Viele Leute kommen und helfen uns. Unsere Freunde schrubben stundenlang Fliesen im Klo oder beizen Türrahmen ab, die sicher fünfzig Jahre lang einfach immer überstrichen wurden. Es gibt noch keine Küche, wir bauen eine rein, mein Vater fliest den Tresen mit spanischen Fliesen. Es ist Wahnsinn, wie viel Unterstützung wir erfahren, weil alle Leute so Bock haben auf dieses Café und darauf, Teil davon zu sein, diesen Raum zu verwandeln.

Oktober 2016

Ich mache meine ersten Erfahrungen als Geschäftsfrau und Chefin. Die Handwerker und Lieferanten wollen immer meinen Mann sprechen. Am Anfang mache ich mir noch die Mühe, zu sagen, dass Christian nicht mein Mann ist, noch nicht mal mein Partner, sondern mein Geschäftspartner. Ich betone, dass ich die Chefin bin, dass sie mit mir sprechen können.

Einer fragt: »Ja, haben Sie denn keinen Mann?« Irgendwann lasse ich die Leute in dem Glauben, dass Christian mein Mann ist, weil ich keine Kapazitäten habe, jedes Mal aufzuklären. Aber es ist ein bescheuertes Gefühl, nicht ernst genommen zu werden. Es gibt auch Situationen, wo ich Christian hole, weil ich keine Ahnung von Elektroanschlüssen habe. Er übrigens auch nicht! Aber die Handwerker fühlen sich wohler, das mit ihm zu besprechen. Ich merke: Das könnte spannend werden. Als Frau und Chefin. Vor allem, weil es auch noch einen Mann gibt. Wäre ich alleine, würde ich mich anders durchsetzen, glaube ich. Dann würde ich einfach sagen: »Ich bin die Chefin, schießen Sie los.« Man merkt, wie Leute es gewöhnt sind, von Männern etwas gesagt zu bekommen. Es ist eine Erfahrung, die ich überhaupt nicht erwartet habe.

November 2016

Wir kommen aus einer Zeit der Arbeitslosigkeit und plötzlich stehen wir in diesem Ding, gefühlt 24/7. Wir besorgen innerhalb von drei Monaten die gesamte Einrichtung und treffen am Tag unzählige Entscheidungen. Es ist cool, und es funktioniert. Ich bin so beflügelt! Ich bekomme Arbeitslosengeld. Und plötzlich gehe ich mit Summen um, die ich noch nie vorher in den Händen hatte. Die Verantwortung, die ich habe, mit diesem Geld gewissenhaft umzugehen, aber auch in dieser kurzen Zeit etwas Schönes auf die Beine zu stellen – das ist Wahnsinn.

Anfang Januar 2017

Der Tag vor der Eröffnung des »Café Düsselmaier«. Wir hängen mit Freunden Lampen auf bis in die Nacht, meine Eltern machen die ersten Spülgänge mit der Maschine. Es ist zeitlich super eng. Der Vertreter sagte, das Geschirr komme auf jeden Fall noch im Dezember, aber es kam nicht. Zum Glück können wir welches aus einer Gemeinde ausleihen. Wir haben uns schon während der Renovierung davon verabschiedet, dass es so läuft wie geplant, aber das hier war natürlich überhaupt nicht vorgesehen. Das Ersatzgeschirr ist auch nicht so, wie wir es wollen, es gibt nicht mal Espressotassen. Das Holzregal fehlt. Die Miet-Küche ist auch noch nicht eingebaut. Aber eine Freundin klebt die Silhouette der künftigen Küche mit Gaffer-Tape an die Wand, es sieht aus wie ein Kunstwerk.

Mitte Januar 2017

Es geht also los. Aber es ist Januar, und Januar ist der schlechteste Monat in der Gastronomie. Es ist merkwürdig, weil wir aus einer so geschäftigen Zeit kommen. Unsere Mitarbeiter und Mitarbeiterinnen sind ganz motiviert, und dann nehmen wir am ersten Tag vielleicht 100 Euro ein. In der ganzen ersten Woche geht gar nichts, in der zweiten Woche ist es ein bisschen besser. Wir wussten schon, dass die Leute im Januar eher denken: »Wir machen jetzt Sport, wir gehen nicht ins

Café, wir müssen unser Geld zusammenhalten, weil wir an Weihnachten so viel ausgegeben haben, wir hatten außerdem gerade erst frei.« Das ist ganz normal: Es gibt Phasen im Jahr, wo viel los ist, und Phasen, wo wenig los ist. Aber wir stehen ganz am Anfang. Die Kuchentheke ist voll, wir sind voll motiviert, und dann kommt niemand.

Ende Januar 2017

Ich sehe die Leute in dem relativ leeren Raum sitzen. Und merke, dass das schon ein Café ist, auch wenn noch nicht alles fertig ist. Aber die Atmosphäre ist da: Geschäftigkeit, die Kaffeemühle mahlt, Kaffee läuft durch, die Kuchenvitrinentür klappt auf und zu, jemand macht was mit Kleingeld. Es geht nicht um Perfektion, es geht um die Leute hier im Moment, die Kaffee und Kuchen bekommen und sich mit ihren Freunden treffen und sich in einer Atmosphäre unterhalten, die wir gerade gestalten.

Februar 2017

Die Sache nimmt ganz schön Fahrt auf. Am Wochenende ist superviel los. Die ersten ruhigen Wochen konnten wir gut nutzen, um uns einzuarbeiten – das war gut. Finanziell zwar ein Desaster, aber fürs Reinkommen und Ankommen war es eine wertvolle Zeit.

September 2017

Ich möchte wirklich eine gute Chefin sein. Aber ich merke, dass es das Schwerste überhaupt ist, in so einem Arbeitskontext jeder Mitarbeiterin und jedem Mitarbeiter gerecht zu werden. Die meisten machen das ja nicht, weil sie eine große Liebe fürs Servieren oder für die Gäste haben, sondern weil es ein Job ist, wo man im besten Fall ein ordentliches Trinkgeld kriegt, flexibel ist, relativ überschaubar Verantwortung übernimmt und Sachen macht, die man schnell lernen kann. An solchen Leuten kann man sich abarbeiten, wenn man als Chefin den Anspruch hat: Ich will euch sehen, ich will euch fördern, ich will euch motivieren. Ich will es gut machen, aber merke, dass da kein großer Spielraum ist. Ich kann froh sein, wenn die Mitarbeitenden pünktlich sind. Immerhin sagen unsere Leute, die schon Gastro-Erfahrung haben, dass sie noch nirgendwo gearbeitet haben, wo es so respektvoll zuging, trotz Stress.

Ich hatte schon Leitungsverantwortung in anderen Kontexten, aber immer mit einem anderen Chef im Hintergrund. Plötzlich diejenige zu sein, die sagt, wie es gemacht wird und dann wird es auch so gemacht, auch wenn es eine dumme Idee ist, finde ich für mich herausfordernd. Auszuhalten, dass ich manchmal ungerecht bin oder Leuten was unterstelle. Anzuerkennen, dass ich als Chefin, die das doch gut machen will, auch Fehler mache, dauert schon eine Zeit lang. Barmherzig mit mir zu sein und nicht nur mit den Mitarbeitern. Mir zuzugestehen: Okay, du machst das hier zum ersten Mal. Du kannst wirklich sagen, du gibst dein Bestes. Aber alle machen Fehler, und du halt auch.

Winter 2017

Durch die Kochschule kann ich meine pädagogische Ader ausleben, weil ich Leuten gern Sachen beibringe. Oft kommen Unternehmen zum Teambuilding zu uns, vor Weihnachten sind wir fast jeden Abend ausgebucht. Dann zeige ich, wie man eine Zwiebel schneidet, und den Teilnehmern gehen die Augen über, weil sie denken: »Ach krass, ist ja voll einfach mit dem Trick!« Menschen, die das nicht von ihren Eltern oder ihrer Oma gelernt haben, gehen beglückt nach Hause. Das finde ich voll cool. Es ist wertvoll für mich, solche Erkenntnisse zu vermitteln.

Frühling 2018

Es war uns von Anfang an klar, dass wir viel arbeiten müssen, aber wir wollten das. Ich bin meist von morgens um acht bis abends um halb acht da, Christian kommt morgens später und bleibt dafür am Abend. Wir putzen selbst, wir kaufen selbst ein, und weil wir nicht so viele Lagermöglichkeiten haben, müssen wir richtig oft einkaufen gehen. An den Wochenenden kommen wir fast an unsere Kapazitätsgrenzen. Das ist ein gutes Zeichen, aber ich habe oft auch keine Zeit, um aufs Klo zu gehen, wenn ein Frühstückszettel nach dem anderen reinkommt (und das bis 18 Uhr). Es macht uns sehr glücklich, umsatzmäßig ist es unglaublich, von der Auslastung supercool, aber von der Belastung für uns und die Mitarbeitenden sehr viel.

Herbst 2018

Ich merke, dass mein Glaube erwachsener ist, als ich dachte. Sonntags arbeite ich immer und kann dadurch in keine Kirche gehen, und unter der Woche schaffe ich es auch nicht, regelmäßig einen Hauskreis zu besuchen. Mein Glaube muss sich aus anderen Sachen speisen oder Impulse holen. Gott erfahre ich nun in ganz anderen Situationen und er ist treu. Ich merke, dass da ganz schön viel in mir drin ist und ich nicht immer nur den Input von außen brauche. Gott ist so kreativ und steht einfach in meiner Küche bei mir. Manchmal erlebe ich sogar Wunder, wenn irgendetwas plötzlich wieder funktioniert oder jemand einspringt. Es sind so kleine Stoßgebete, und dann läuft es. Da sehe ich Gottes Handschrift drin. Und sonntagmorgens, wenn ich eine halbe Stunde allein in der Küche stehe, höre ich ganz laut Musik und halte da meinen Gottesdienst, während ich Kuchen backe oder die Spülmaschine aufheize. Es ist eine tolle Erfahrung für mich zu sehen, dass mein Glaube nicht an Umständen hängt. Und Gottes Treue nicht daran, wie viel ich in der Bibel lese oder bete.

Februar 2019

Auch wenn man etwas liebt, kann es irgendwann zur Belastung werden. Manche Freunde verstehen das nicht, sie denken, dass ich mir doch gerade meinen Traum erfülle. Ja, das mache ich! Aber es kann manchmal auch ein Albtraum sein, wenn es einfach zu viel ist. Wenn ich keine Zeit mehr habe, um zu regenerieren, keine Zeit habe, um Beziehungen zu pflegen. Ich habe zum Glück gute Freunde, die im Café vorbeikommen, kurz in die Küche reingucken und fragen, wie es mir geht. Oft habe ich aber nicht einmal zwei Minuten, um zu antworten, weil da zehn Frühstückszettel liegen und ich Eier braten muss.

Montags, wenn ich freihabe, haben die anderen keine Zeit, und das ist manchmal schmerzhaft. Zu sehen, dass ich für diese eine Sache, die ich sehr gerne mache, ganz viel Zeit habe, aber für andere Sachen keine Zeit oder Kraft oder Kapazität mehr da ist. Gerade im letzten Jahr haben Christian und ich beide gemerkt, dass wir dünnhäutig geworden sind und uns schneller ärgern. Es ist furchtbar zu erleben, wie man sich durch so einen Dauerstress verändert. Wir können leider nicht gut gegensteuern, weil wir es uns in diesen ersten drei Jahren nicht leisten können, zum Beispiel eine Putzkraft einzustellen. Uns ist klar, dass wir erst mal einfach durchhalten und auf die finanziellen Ressourcen aufpassen müssen. Es gibt keine andere Möglichkeit.

Juli 2019

Wir haben einen Mietvertrag für drei Jahre bekommen, was bei Unterzeichnung sinnvoll war, weil man nach drei Jahren sehen kann, ob der Laden läuft oder nicht. Oft gehen solche Verträge über zehn Jahre, und man kann sie nicht einfach kündigen. Nach drei Jahren sagen wir dem Vermieter also, dass wir gerne verlängern würden. Wir haben schon mit einer Mieterhöhung gerechnet, aber 20 Prozent! Das können wir nicht zahlen. Daraufhin beendet der Vermieter das Mietverhältnis sofort.

Der Vermieter besitzt 200 Objekte in Berlin, ihn interessiert kein Einzelschicksal. Wir müssen innerhalb von zwei Wochen ausziehen, weil wir mit zwei Mieten im Rückstand sind. Ich rufe einen Anwalt an, aber auch er kann nichts ändern. Wir stehen im Laden, alle Rollläden unten, völlig geschockt. »Okay«, sagen Christian und ich, »dann machen wir morgen zu.« Ab da funktioniere ich. Arbeite alles ab, was abzuarbeiten ist. Rufe die Mitarbeiter an: »Ihr braucht morgen nicht kommen.« Fristlos gekündigt. Das ist furchtbar. Leuten, die seit zwei Jahren bei uns arbeiten, von einem Tag auf den anderen sagen zu müssen: »So, das war's.«

Es tut gut, dass die Gäste und unsere Freunde sich empören. Viele kennen das Problem, finden keinen bezahlbaren Wohnraum für ihre Familie oder kennen kleine Läden, die auch zumachen mussten. Wir können keine Lösung finden, weil es ein strukturelles Problem ist und kein von uns Gastronomen gemachtes. Unser Laden hat funktioniert. Wir hatten schon Reservierungen für November, Dezember. Diese Frustration, dieser Ärger und so viel Hilflosigkeit. Wir haben nicht schlecht gewirtschaftet. Wir hatten keine schlechten Produkte. Wir haben alles richtig gemacht, und jetzt entscheidet ein reicher Mann für uns. Einfach nur, weil er es kann.

Wir räumen innerhalb einer Woche alles aus. Einen Großteil der Möbel verkaufen wir noch direkt im Laden. Es ist schön zu sehen, wie Stammkunden einen Sessel nach Hause tragen oder sich eine Vase mitnehmen. Es fühlt sich an, als ob das Düsselmaier zu Hause bei den Leuten weiterlebt, ein bisschen zumindest. Der Vermieter sagt, dass wir alles rausreißen müssen, die Theke, die ganzen Elektro- und Wasseranschlüsse, alles – unabhängig davon, ob der Nachmieter es brauchen könnte.

Mein Papa hat diese Theke gebaut und mit spanischen Fliesen gefliest, und nun stehe ich da und sehe, wie er diese Fliesen wieder abschlägt. Das bricht mir fast das Herz. Aber wir sind nicht allein. Alle unsere Freunde, die vor drei Jahren beim Einzug mitgemacht hatten, sind jetzt wieder dabei beim Auseinanderbauen. Sie mieten ein Lager für uns an, organisieren einen großen Transporter, fahren tausendmal hin und her, unsere Mitarbeiter packen in ihrer Freizeit Geschirr in Zeitungspapier. Ich kann das in diesem Moment gar nicht honorieren.

Ende Juli 2019

Ich sitze in den leeren Räumen und es fühlt sich an, als wäre das gar nicht ich, als hätte das alles gar nichts mit mir zu tun. Ich weine nicht, ich bin nicht traurig, es ist keine Verzweiflung, die Dinge müssen einfach nur gemacht werden, also mache ich das jetzt. Ich sitze da und kann mich schon fast nicht mehr erinnern, wie es ausgesehen hat, dabei ist die Kündigung erst eineinhalb Wochen her.

August 2019

Kurz nachdem wir raus sind, zieht jemand Neues ein. Es ist also jemand in der Lage, diese Miete zu bezahlen. Das ist das Problem. Es gibt immer jemanden, der mehr Kohle hat. Uns war schon klar, dass wir mit Kaffee und Kuchen nicht reich werden. Aber das Café ging gut, es hat funktioniert.

Es ist so eine Wut in mir, die sich an einer Person aufhängt, obwohl ich sie gar nicht kenne, ich habe den Hausbesitzer nie getroffen. Er steht eher für ein System. Es ist ja alles erlaubt, was er macht. Man kann natürlich fragen, ob das ethisch und moralisch vertretbar ist. Aber es ist nicht illegal. Warum lebe ich in so einem System, in dem der Einzelne überhaupt nicht zählt? In der Masse sind wir kein Einzelschicksal. Viele Einzelhändler und Gastronomen haben in den vergangenen Jahren ihre Existenz verloren. Und dann sagt man, dass Selbstständige das Risiko eben selbst tragen. Zu der Wut kommt auch Resignation. Mein Wunsch, laut zu protestieren, ist ganz schnell verpufft. Wer will das hören?

Anfang September 2019

Es ist auch eine große Erleichterung da. Dass ich mir nicht mehr jeden Monat Sorgen machen muss, ob genug reinkommt, ob wir nicht zu viel ausgeben, wie wir alles bezahlen können. Ich kann wieder durchatmen.

Ende September 2019

Christian fragt mich oft: »Weißt du das noch?« Und ich kann mich nicht erinnern. Wir sitzen in dieser WG, plötzlich mit viel Zeit, aus dem vollen Lauf gestoppt, Hartz IV beantragt. Er will das verarbeiten und ganz viel mit mir über das Café sprechen, aber ich kann das nicht.

Oktober 2019

Ich stürze mich in den Verkauf der nicht mehr benötigten Einrichtung. Ich schreibe bei eBay Kleinanzeigen mit Hunderten Leuten, verkaufe Sachen, zahle Geld aufs Konto ein. Wir müssen trotzdem noch die restliche Ladenmiete für den August bezahlen, und dann natürlich auch die Miete fürs Lager. Es ist immer ein Jonglieren: Verkaufen wir diesen Monat genug, um das Lager bezahlen zu können? Es ist schwierig, die Sachen zu verkaufen und irgendwie froh zu sein, dass man sie loswird, aber auch jedes Mal das Gefühl zu haben, dass das Düsselmaier weiter verschwindet. Irgendwann steht da nur noch unsere große Kuchentheke, rundum verglast und fragil, und auch emotional hängt alles an ihr. Und dann kommt der Tag, an dem sie weg ist, und ich stecke das Bündel Geld in meine Jackentasche. Die restlichen Dinge können wir in einem kleineren Lager verstauen, es ist nicht mehr viel, was vom Café übrig ist.

März 2020

Warum habe ich dieses Café bloß gegründet? Jetzt hocke ich hier mit Hartz IV, mit einem Haufen Schulden und finde keinen Job, weil nun auch noch Corona da ist. Ich werde dieses blöde Café bis zum Ende meines Lebens mit mir rumschleppen, weil ich die Schulden abbezahlen muss. Ich ärgere mich, dass ich das gemacht habe. Was mich überrascht.

Ich will gerne wieder im kulturpädagogischen Bereich einsteigen. Manche raten mir, dass ich im Gastrobereich anfangen soll – haha. Es gibt einfach keinen Job. Wir müssen einen Kredit bei der Bank bedienen, die es natürlich nicht interessiert, dass wir gerade Hartz-IV-Empfänger sind.

Mit Armut Bekanntschaft zu machen, weil das Café gescheitert ist: Diese Verknüpfung ist total blöd. Das eine hat natürlich mit dem anderen zu tun, aber dann auch wieder überhaupt nicht. Ich knabbere ganz schön daran rum, das so infrage zu stellen. In den drei Jahren, in denen es das Düsselmaier gab, habe ich nie hinterfragt, dass ich mich selbstständig gemacht habe, obwohl es anstrengend und herausfordernd war. Aber es war auch wunderschön. Wir waren mutig, haben etwas gewagt. Ich war immer dankbar, dass ich die Möglichkeit hatte, dieses Café zu machen. Ich wollte nicht irgendwann im Alter verpasste Chancen aufzählen müssen. Wenn es nicht klappen würde, hätte ich es wenigstens probiert. Aber plötzlich hat dieses Scheitern so eine Note. Ich gebe mir die Schuld dafür, dass ich diese Entscheidung getroffen habe.

Sommer 2020

Drei Jahre lang habe ich nur gearbeitet, und plötzlich gibt es nichts mehr zu tun. Was nicht stimmt, weil ich lange mit dem Verkauf und dem Auflösen von Verträgen beschäftigt bin. Das dauert insgesamt ein dreiviertel Jahr.

Ich merke, dass ich mich über das Café definiert habe. Wenn ich anderen erzählte, dass ich ein Café habe, war die Reaktion natürlich immer: »Cool. Toll. Wow. Voll mutig von dir.« Seit über einem Jahr arbeitslos zu sein, das macht schon etwas mit mir. Weil unsere Gesellschaft auf Leistung fokussiert ist. Gerade trage ich keinen Teil bei, ich beziehe zudem kein Arbeitslosengeld, sondern Hartz IV. Jeder Steuerzahler zahlt gerade für mich, das finde ich nicht so einfach. Ich will dankbar sein, dass ich in diesem Staat lebe, der mir das ermöglicht, aber trotzdem muss ich meine Eltern jetzt fragen, ob sie mir meine Fahrkarte kaufen, damit ich sie besuchen kann. Kann ich nämlich nicht selbst. Und ich trinke die letzten zehn Tage des Monats keinen Kaffee, weil ich mir keinen leisten kann. Ich gehöre gerade zu den Armen in diesem

Land und mein Freundeskreis nicht, auch meine Hobbys oder Interessen nicht, und das passt alles nicht zusammen.

September 2020

Dass wir das Café zumachen mussten, war einfach nur Mist. Dem kann ich nichts Schönes abgewinnen. Ich glaube, der Mensch neigt dazu, im Rückblick aus Krisensituationen immer etwas Gutes herausziehen zu wollen. Ich weiß nicht, ob das einfach eine Überlebensstrategie ist. Aber ich bin überzeugt, dass jede Krise etwas in einem bewirkt. Ich muss es nicht erzwingen, der Krise etwas Positives abzugewinnen, das ist eher ein natürlicher Prozess: Wie gehe ich mit Frustration um, wie damit, in der Luft zu hängen, dass es nicht geklappt hat. Natürlich habe ich auch etwas gelernt, was ich jetzt in meinen Lebenslauf schreiben kann – Mitarbeiterkommunikation, Mitarbeiterführung –, aber das ist ja quasi nebenher entstanden.

Oktober 2020

Bis jetzt war ich nicht traurig. Ich habe nicht über das Café nachgedacht, habe einfach versucht, meinen Alltag hinzukriegen, die Sachen zu verkaufen, mit dem Hartz-IV-Geld klarzukommen und mit der vielen Zeit umzugehen. Aber jetzt. Während ich lese, ist es plötzlich wie ein Film vor meinem inneren Auge: Ich sehe das Düsselmaier von außen, an einem Wintertag, es ist innen beleuchtet. Ich gehe rein und es ist alles wieder da. Da muss ich bitterlich weinen. Es ist das erste Mal, dass ich das Gefühl von Verlust habe. Ich habe etwas Tolles geschaffen und es verloren. Ein Lebenstraum ist verschwunden.

Ich bin froh, dass diese Gefühle noch gekommen sind. Meine Freunde fragten schon, warum ich nicht traurig bin und nicht darüber spreche. Aber ich konnte das nicht. Scheinbar musste mein Kopf das so für mich lösen, weil ich mir in den ersten Wochen keinen Zusammenbruch hätte leisten können, es gab so viel zu regeln.

Gerade bin ich einfach nur dankbar, dass ich das Café haben konnte. Das Resultat, dass ich jetzt Armut erlebe, möchte ich davon trennen.

Anfang November 2020

Ich hatte nie viel Geld. Mir ging es beim Arbeiten immer darum, dass ich etwas mache, was ich sinnvoll finde. Uns war klar, dass wir mit dem Café keine großen Sprünge machen können, aber das war es uns wert. Jetzt habe ich viele Schulden und merke, dass ich mir davor nicht so viele Gedanken darüber gemacht habe, was ist, wenn es das Café nicht mehr gibt. Unsere Geldgeber aus dem privaten Umfeld sind alle sehr geduldig und machen keinen Druck, aber die Bank schon. Und ich merke zum ersten Mal in meinem Leben, was ich alles nicht kann, weil ich kein Geld habe. Das finde ich richtig ätzend. Alleine schon die Frage: Was werde ich mir am Ende des Monats noch zu essen kaufen können? Das ist superextrem und existenziell. Wenn ich dann sehe, wie andere mit Geld ganz easy umgehen können und meine Freunde sich eine Eigentumswohnung in Berlin kaufen oder ein Segelboot oder leider ihre Australien-Reise stornieren müssen, ist das nicht so leicht.

Ende November 2020

Ich hatte nie den Gedanken, dass das mit dem Café Gottes Wille ist, aber ich dachte, dass er es cool findet. Gott freut sich ja immer daran, wenn man in seinen Möglichkeiten aufgeht, wenn man sein Potenzial ausfüllt und Chancen ergreift. Diese Konstellation von Möglichkeiten, von offenen Türen, würde es vielleicht nicht mehr geben, deshalb war klar: Ich renn da jetzt durch. Hinterher habe ich nicht gefragt: »Warum, Gott? Warum hast du das zugelassen?« Da gingen halt Türen wieder zu. Ich glaube jedenfalls nicht, dass es etwas mit Gott zu tun hatte, dass es nicht klappte. Ich bin mir sicher, dass er es ganz furchtbar findet, was hier so läuft, und dass er traurig ist, dass es Menschen gibt, die einfach nicht genug kriegen können und auf Kosten von anderen leben und ihren Wohlstand aufbauen. Ich bin außerdem jemand, der nach vorne schaut, und ich weiß, dass da etwas anderes Cooles kommen wird.

Dezember 2020

»Wenn du noch mal von vorne beginnen könntest, würdest du es noch mal machen?«, fragen mich öfter Leute. Am Anfang sagte ich: »Auf keinen Fall. Auf gar keinen Fall.«

Mittlerweile denke ich, dass ich es schon noch mal machen würde, wenn sich die Möglichkeit dazu bietet. Natürlich haben Christian und ich dazugelernt, und natürlich würden wir uns anders aufstellen und Sachen von vorneherein anders planen, auf andere Sachen achten. Viele Start-ups scheitern mehrfach, bis es dann klappt. Ich würde nicht sagen, dass ich durchs Scheitern gelernt habe, aber ich habe in den drei Jahren davor viel gelernt. Und so eine Selbstständigkeit ist einfach schön. Da steckt viel Freiheit drin. Am Ende entscheide ich, wann ich morgens die Tür aufmache und welchen Kuchen ich backe und wie viele Mitarbeiter ich einstelle und welche Atmosphäre ich versuche herzustellen. Und das vermisse ich.

»UND WAS IST MIT MIR?«
Singlesein

Von außen sieht das Reihenhaus nach gediegener Familienidylle aus: kleiner Vorgarten mit Schneeglöckchen, Blick ins Grüne und Eichhörnchen, die durch Baumwipfel hüpfen. Wären da nicht die Rennräder, die vor der Tür geparkt sind und im Haus an den Wänden hängen. Marita Schmidt wohnt in einer WG, die nicht nach zusammengewürfelter Studentenbude aussieht, sondern nach einem echten Zuhause. Wir trinken Kaffee im sonnendurchfluteten Wohnzimmer.

Marita hat eine ganze Reihe an Superkräften: Sie ist sportlich. Sie ist kommunikativ und kommt mit wirklich allen ins Gespräch. Sie ist so musikalisch, dass sie nicht nur fünf Instrumente spielen, sondern ad hoc auch immer eine passende zweite Stimme singen kann. Obendrein kann sie auch noch großartig mit Kindern umgehen. Letztere Superkraft kommt bislang hauptsächlich bei ihren zahlreichen Nichten und Neffen zum Einsatz.

Ich stellte mir früher immer vor, dass ich mal mit 24 Jahren heirate und mit 25 das erste Kind bekomme. So kannte ich das aus meiner Familie: Meine Eltern, meine drei älteren Geschwister und meine Onkel und Tanten waren alle mit Anfang oder spätestens Mitte zwanzig verheiratet und haben mehrere Kinder. Auch meine

Freundinnen aus der Schule sagten immer: »Marita heiratet mal als Erste und bekommt früh Kinder.« Das war also die Vorstellung in meinem Kopf. Darüber, dass das mal anders kommen könnte, machte ich mir keine Gedanken. Heute bin ich 37, Single, und lebe seit fünf Jahren wieder in einer WG.

Als ich mit 19 fürs Studium in eine neue Stadt zog, lernte ich jemanden kennen, mit dem ich mich schnell gut verstand. Wir waren bald sehr, sehr gute Freunde. Bis er sich in mich verliebte und wollte, dass mehr aus uns würde. Ich selbst war aber nicht so weit und hatte zu dem Zeitpunkt keine Gefühle für ihn. Er fing daraufhin eine Beziehung zu einer anderen Frau an und beendete unsere Freundschaft von heute auf morgen. Das war sehr schmerzhaft und gleichzeitig prägend für mich. In dem Moment wurde mir klar, dass platonische Freundschaften zwischen Frauen und Männern wohl nicht funktionieren. Ich habe mich in den darauffolgenden Jahren deshalb stark auf Mädelsfreundschaften konzentriert. Gleichzeitig klärte ich sehr schnell die Fronten, wann immer ich den Eindruck hatte, dass jemand sich für mich interessierte.

Natürlich sah ich mir damals die Männer in meinem Umfeld an. Wenn jemand für mich dabei gewesen wäre, hätte ich sicher auch Interesse gezeigt. Ich denke, dass ich relativ hohe Ansprüche an einen Partner hatte. Ich suchte nach einem Mann, der wie mein Vater ein Leitertyp war und mit dem ich mich sehr gut unterhalten konnte.

In dieser Zeit dachte ich, dass *der* Mann für mich einfach noch nicht dabei gewesen war. Von der Vorstellung, dass Gott für mich einen bestimmten Partner vorbereitet hat, verabschiedete ich mich relativ schnell. Im Gespräch mit vielen Freunden hörte ich immer wieder heraus, dass sie sich für einen Partner entschieden hatten, es aber nicht notwendigerweise nur *den* Einen gab. Um mich herum kamen in dieser Zeit viele Paare zusammen. Eine Zeit lang gab es kaum eine Woche, in der nicht jemand ankündigte, mit jemandem zusammengekommen zu sein oder sich verlobt zu haben.

Am krassesten war es, als ich 25 war: In dem Jahr war ich auf vierzehn Hochzeiten eingeladen. Das war schon irgendwie hart. Trotz der Freude für meine Freunde drängte sich mir manchmal die Frage auf: »Okay, und was ist mit mir?« Ich begann damals, mich zu fragen, ob Gott mich in der Hinsicht eigentlich richtig versorgt. Den Gedanken, dass ich vielleicht mehr tun könnte, um jemanden kennenzulernen, hatte ich in der Zeit aber nicht. Im Studium lernt man ja ständig neue Leute kennen. Außer Frage stand für mich auch, dass ich vielleicht zum Singlesein berufen sein könnte. Der Wunsch in mir nach Beziehung, Ehe und Familie war ja immer da. Über die Jahre merkte ich: Ehelosigkeit ist eine Berufung und eine Geistesgabe, die ich definitiv nicht habe. Und ich glaube nicht, dass Gott uns Gaben aufzwingt, die wir gar nicht wollen.

Ein weiterer großer Einschnitt war mein 30. Geburtstag. An runden Geburtstagen schaut man ja zurück und fragt sich, was man bisher geschafft hat. Und ich dachte: »Jetzt werde ich bald dreißig und bin immer noch Single. So habe ich mir das echt nicht vorgestellt!« In dieser Phase haderte ich viel mit Gott und sprach mit ihm über das Thema. Ich war Gott gegenüber schon immer ziemlich unverhohlen. Ich wuchs in einer christlichen Familie auf und traf mit 12 Jahren die bewusste Entscheidung, Kind Gottes zu sein. Daraufhin ließ ich mich auch taufen. Ich bin also schon ziemlich lange mit Gott unterwegs. Meine Enttäuschungen habe ich ihm schon so manches Mal hingeknallt. Das mache ich auch heute noch, wenn ich sauer bin oder mich vergessen fühle. Ich bringe es so zu Gott, wie es ist. Er kommt damit klar, schließlich weiß er, wen er sich mit mir ins Boot geholt hat. Und er geht trotzdem liebevoll mit mir um. Er zeigt mir immer wieder, dass er um meine Sehnsucht weiß und meinen Schmerz kennt. Bei mir wechselt es ab zwischen Hadern und Trost bekommen. Und wieder Hadern und Sauersein und Zuspruch bekommen: »Du bist mein Kind, ich liebe dich. Ich mache es gut mit dir. Ich lasse dich nicht allein. Ich habe dich nicht vergessen.«

Zwei Tage vor meinem 30. Geburtstag stand wieder einmal eine Hochzeit an. Einige Freunde aus der Gemeinde und ich beschlossen, das Wochenende zu verlängern und im Anschluss meinen Geburtstag zu feiern. Dadurch konnte ich mich doch darauf freuen. Die Hochzeit fand an einem Freitag statt und wir blieben das Wochenende noch vor Ort, feierten von Samstag auf Sonntag in meinen Geburtstag rein und brunchten sonntags alle miteinander. So hart ich es fand, dreißig zu *werden*: Dreißig zu *sein* war dann schon nicht mehr so schlimm.

Ab da fing ich an, einige Ansichten von mir über Bord zu werfen. Zum Beispiel fand ich die Vorstellung, im Internet auf Partnersuche zu gehen, viele Jahre lang richtig unattraktiv. Ich dachte, dass ich das vielleicht mal mache, wenn ich 35 bin. Irgendwann sagte der Mann meiner besten Freundin zu mir: »Was ist denn dabei? Melde dich doch einfach an und guck mal. Und wenn es dich nervt, kannst du dich ja wieder abmelden.« Bislang hatte ich immer gedacht, dass diese Mission »Mann finden« dann einen so großen Raum einnehmen würde, und das wollte ich nicht. Ich probierte es aber einfach mal und war etwa ein Jahr lang auf einer Online-Plattform angemeldet. Tatsächlich lernte ich da auch einen tollen Mann kennen. Der war zwar nichts für mich, aber ich stellte ihn einer Freundin von mir vor, die er dann tatsächlich auch heiratete. Es hatte also schon einen Sinn, auch wenn damals für mich niemand dabei war.

Zu diesem Zeitpunkt wohnte ich schon seit ein paar Jahren allein. Ich wollte zumindest einmal ausprobieren, wie das ist, eine Wohnung für mich zu haben. Dabei wusste ich eigentlich von vornherein, dass ich ein Gemeinschaftsmensch bin. Mit knapp 32 entschloss ich mich dann dazu, wieder in eine WG zu ziehen – mit gemischten Gefühlen. Einerseits war es eine ganz bewusste Entscheidung, von der ich wusste, dass sie richtig war. Ich freute mich auch darauf, wieder mit anderen zusammenzuwohnen. Andererseits fühlte es sich wie ein Rückschritt an. Ich dachte: »Krass, jetzt wirst du 32 und ziehst wieder in eine WG. Bei allen geht es weiter und du entwickelst dich zurück.«

Ich denke, dieses Gefühl hing auch damit zusammen, dass mein Lebensweg damit eben nicht dem klassischen Bild entsprach, wie es normalerweise – und vor allem in der christlichen Welt – so läuft: Schule, Ausbildung oder Studium, Kennenlernen, Hochzeit, Hauskauf, Kinder. Bei mir war es anders. Ich stellte fest, dass man immer wieder versucht, zurück auf den »normalen« Weg zu kommen, wenn man auf diesem anderen Weg unterwegs ist. Anstatt zu akzeptieren, dass jeder Weg und jedes Leben anders ist. Und dass das gut ist und auch so sein darf.

Die Entscheidung für ein Leben in Gemeinschaft war für mich auf jeden Fall der richtige Schritt. Ich liebe es, in der WG zu wohnen! Vor allem im Moment, zu Zeiten von Corona. Ich weiß, dass mir die Decke auf den Kopf fallen würde, wenn ich jetzt alleine wohnen würde. Trotzdem fiel es mir damals nicht leicht, diesen Schritt zu gehen.

Die meisten Menschen in meinem direkten Umfeld finden es klasse, wie ich mein Leben gestalte. Meine Familie geht auch toll mit meiner Situation um. Sie sehen, dass ich es mir anders wünsche, und sie wünschen sich das auch für mich. Sie beten mit mir, und sie glauben und hoffen mit mir, dass mein Wunsch nach einer Beziehung in Erfüllung geht. Klar fragen sie auch mal, ob es etwas Neues gibt. Aber ich spüre von ihrer Seite aus überhaupt keinen Druck. Vor allem geben sie mir nicht das Gefühl, auf einem falschen Weg zu sein. Die Menschen, die mir wichtig sind, wissen ja auch aus eigener Erfahrung, dass der eine Weg nicht viel besser sein muss als der andere. Und sie sehen, wie ich mir das Leben schön mache, weil ich Freiheiten habe, die sie gerade nicht haben. Ich liebe Reisen, vor allem Fernreisen, zum Beispiel nach Hawaii, Fidschi, Kambodscha oder Australien. Manchmal lege ich dafür nur die ersten zwei Übernachtungen fest und der Rest ergibt sich vor Ort. Meine Freunde mit kleinen Kindern freuen sich für mich, statt auf mich und meine Freiheiten neidisch zu sein, weil das in ihrer Lebenssituation gerade nicht geht. Die meisten in meiner Umgebung können das differenzieren.

Ein paar dumme Sprüche bekomme ich manchmal aber auch zu hören. Ich habe zum Beispiel eine Verwandte, die immer mal wieder unangebrachte Kommentare macht und mich gleich als Erstes bei einer Begegnung fragt: »Und, was macht die Liebe so?!«, oder: »Komisch, warum will dich denn keiner?!« Solche Sprüche versuche ich zu ignorieren. Trotzdem würde ich mir wünschen, dass gerade in der christlichen Welt mehr über das Thema Singlesein gesprochen wird. Dass die Facetten davon mehr und differenzierter beleuchtet werden. Gerade in Bezug auf Beziehung und Sexualität geht es zum Beispiel oft ausschließlich um Verheiratete. In Büchern oder Seminaren heißt es dann nur, dass Sexualität für die Ehe bestimmt ist. Da denke ich manchmal: »Ja, super, und ich als Single habe keine Sexualität, oder was?!« Wir sind doch alle als sexuelle Wesen geschaffen. Es kann nicht sein, dass wir die Sexualität so lange verdrängen sollen, bis wir endlich verheiratet sind. Es ist schade, dass es relativ wenig gutes Material dazu gibt, wie man als Single gesund damit umgehen kann. Ich würde mir viel mehr Literatur darüber wünschen und auch eine Enttabuisierung des Themas. Ich würde gern eine größere Lockerheit dabei sehen, Wege zu finden, die eigene Sexualität zu entdecken. Ich brauchte lange, um mich aus ganz viel Scham und Schuld zu befreien, die aus den verqueren Gedanken entstanden, die andere mir dazu auferlegt haben. Heute bin ich damit versöhnt und denke, es ist okay, seinen eigenen Körper kennenzulernen und zu schauen, was einem Lust bereitet. Die Frage ist, wie das auf eine gute Art und Weise geht, in der man auch seine Gedanken dabei beschützt.

Relativ lang steckte ich auch in einem Belohnungsdenken fest und dachte: »Hey, Gott, ich war immer so straight. Ich habe nicht mit Beziehungen und körperlicher Nähe herumprobiert. Ich habe noch nicht mal rumgeknutscht. Stattdessen habe ich immer schnell das Gespräch gesucht, wenn ich gemerkt habe, dass jemand an mir interessiert ist, und habe das geklärt. Ist das jetzt der Dank dafür?« Aber irgendwann wurde mir klar, dass es falsch ist zu glauben, dass man automatisch eine Belohnung erhält, wenn man etwas richtig gemacht hat. So funktioniert Glaube nicht, und so funktioniert auch Gott nicht.

Im Moment geht es mir ziemlich gut mit dem Singlesein, aber das wechselt auch immer wieder. Es gibt Phasen, in denen ich es wirklich schwierig finde. Und dann gibt es andere Phasen, in denen ich mir denke: »Mein Leben ist gut, und es ist auch gut ohne Partner.« Ich will immer mehr an den Punkt kommen, an dem ich das so glauben kann. Gleichzeitig will ich Partnerschaft, Ehe und Familie auch nicht glorifizieren: Ich will nicht denken, dass das die einzig mögliche und sinnvolle Option für mein Leben ist. Ich möchte hier und jetzt leben, weil es das einzige ist, was ich habe. Ich möchte auch keine verbitterte alte Jungfer werden – selbst wenn ich am Ende vielleicht tatsächlich ohne Beziehung bleibe. Wer weiß, vielleicht muss ich mich auch irgendwann von dem Thema Kinder verabschieden. Wenn das tatsächlich so sein sollte, wird Gott mich da auch irgendwie durchbringen. Das weiß ich.

Ich trage einen bislang unerfüllten Wunsch in mir. Aber ich will mein Leben trotzdem wertschätzen, so wie es jetzt ist. Es ist ein Spannungsfeld zwischen Glauben, Hoffen, Vertrauen und Festhalten an Gottes Zusage, dass es irgendwann, zu seiner Zeit, so weit sein wird. Ich habe für mich die Entscheidung getroffen, dass ich nicht bitter werden möchte. Deswegen schaue ich auch bewusst auf das viele, für das ich dankbar sein kann. Dankbarkeit ist eigentlich unabhängig von Umständen. Darin übe ich mich. Ich möchte ein Mensch sein, der Jesus immer ähnlicher wird und der fröhlich und dankbar durch die Welt geht. Ich weiß, dass Gott mich führt. Auch wenn manche Führung rätselhaft bleibt.

Vor zwei Jahren hielt jemand auf einer Skifreizeit eine Andacht, durch die bei mir vieles zum Thema Singlesein hochkam. Als ich anschließend mit dem Redner sprach, sagte er zu mir: »Marita, Gott hört dein Gebet.« Und dann setzte er noch einmal nach und sagte: »Er hat es schon erhört.« Auf genau dieser Freizeit lernte ich einen Mann kennen, mit dem ich dann später auch zusammenkam. Interessanterweise stellte ich zufällig fest, dass sein Name »Gott hat erhört« bedeutet. Als er mir seine Liebe gestand, berührte mich das tief. Und trotzdem hatte ich auch Angst. Ich brauchte mehrere Wochen, bis ich mich auf die Beziehung zu ihm einlassen konnte.

Wahrscheinlich musste ich mich erst mal von der Vorstellung befreien, dass es auf jeden Fall das Richtige sein muss. Ich hatte Angst davor, etwas falsch zu machen. Damals telefonierte ich viel mit meiner Schwester und sie entlastete mich sehr mit ihrer Reaktion. Sie meinte: »Dein Ja zu ihm ist erst mal ein Ja für eine Beziehung. Und nicht ein Ja für eine Ehe.«

Drei Monate später machte er mit mir Schluss. Er meinte, dass er mich wirklich geliebt habe. Trotzdem glaubte er, dass es nicht passte. Das hat mich schon ziemlich gecrasht. Die Beziehung mit ihm, meine erste Beziehung, hatte ich wirklich als Gebetserhörung und als Erfüllung von Gottes Zusage für mich wahrgenommen. Ich denke, dass Gott durchaus etwas Gutes daraus hätte machen können, auch wenn diese Beziehung wahrscheinlich viel Arbeit gewesen wäre. Aber er war ein ganz anderer Typ als ich und hatte viele Ängste, die ich nicht nachvollziehen konnte. Wahrscheinlich wäre ich tatsächlich keine gute Frau für ihn gewesen. Denn alles, was er an Bedenken in Bezug auf unsere Beziehung hatte, konnte ich als Problem nicht wirklich nachvollziehen. Wenn man da nicht übereinkommt, ist es auch schwer, gemeinsam das Leben zu meistern.

Durch diese Erfahrung lernte ich viel dazu. Zum Beispiel legte ich die Angst davor ab, mich auf eine Beziehung einzulassen. Denn so läuft es eben: Es gibt eine Zeit, in der man sich öffnet und verletzlich macht. Und in dieser Zeit schaut man, ob es passt oder nicht. Dafür ist eine Beziehung da. Das kann man in einer reinen Freundschaft nicht herausfinden. Außerdem lernte ich auch viel über mich selbst: Ich fand heraus, wer ich eigentlich bin, wer ich auch in einer Beziehung bin. Dafür bin ich sehr dankbar. Heute bin ich sogar dankbar dafür, dass er so früh Schluss gemacht hat. Ich selbst hätte wahrscheinlich länger gebraucht, um herauszufinden, dass es wirklich nicht passt, und wäre dann emotional viel involvierter gewesen. Auch wenn die Beziehung kaputtgegangen ist, halte ich noch an Gottes Zusage für mich fest. Wenn Gott mein Gebet erhört hat, heißt das ja nicht, dass es jetzt sofort passieren muss.

In der Corona-Pandemie war ich einige Male krank und hatte dadurch mehr Zeit, um nachzudenken. Durch die Krisen- und Krankheitsphasen kam ich in manchen Situationen wirklich an meine Grenzen und wurde damit viel abhängiger von Gott. Es ging auch gar nicht anders. Ich glaube, je mehr wir Gottes Wahrheit in unser Leben sprechen lassen und unsere Beziehung zu Jesus pflegen, desto leichter kann sich auch seine Sicht auf uns in uns manifestieren. Im letzten Jahr habe ich mir mehr Zeit genommen, Predigt-Podcasts zu hören, in der Bibel zu lesen, Workshops und Seminare mitzumachen – gerade auch zu dem Thema, wie Gott uns sieht. Dadurch bin ich viel mehr zu der Identität gekommen, die ich in Gott habe.

Eine Folge davon ist, dass ich heute einen liebevolleren Umgang mit mir selbst habe. Auch in Bezug auf das, was nicht so läuft, wie ich es mir vorstelle. Zum Beispiel habe ich ein paar körperliche Beschwerden, die einfach nicht weggehen und bei denen es mir bislang schwerfiel, sie zu akzeptieren. Ich habe im letzten Jahr zu mir selbst gefunden und geübt, gut zu mir zu sein. Vor einiger Zeit las ich: »Sei dir selbst eine gute Freundin«. Damals ist mir aufgefallen, dass ich das in vielen Punkten nicht bin. Ich bin oft sehr hart zu mir und habe hohe Ansprüche an mich. Wenn ich mich mal wieder über mich selbst ärgere, fange ich jetzt an zu überlegen, was ich in der Situation zu einer Freundin sagen würde. Und diese Sachen sage ich dann zu mir selbst. Ich bin jetzt viel barmherziger mit mir und meinem Körper und lebe versöhnter mit mir.

Ich sehe, dass dieser Weg mich hat wachsen lassen. Tatsächlich ist es für mich ein Segen, dass ich mich in den letzten Jahren so viel mit mir selbst beschäftigen konnte. Ich weiß heute, wer ich bin und wohin ich will. Das ist eine schöne Position, weil ich manches Destruktive, von dem ich mich verabschiedet habe, nicht mehr mit in eine neue Beziehung hineinnehmen werde. Meine Mutter hatte mit dreißig schon vier Kinder. Sie fing erst mit Anfang sechzig an, sich wirklich mit sich selbst auseinanderzusetzen. Sie freut sich für mich, dass ich das jetzt schon kann. Weil ich in meiner Situation nicht die Verantwortung für andere habe, sondern nur für mich selbst. Manchmal denke ich: »Toll, ich muss erst vierzig werden, bis ich so weit bin, und andere durften das früher«, aber das ist ein falscher Umkehrschluss. Ich habe das Privileg, jetzt zu reifen und an mir zu arbeiten, um mal eine bessere Ehefrau und Mutter zu sein.

Ich finde, Segen steckt oft in Dingen, die wir erst mal nicht als offensichtlichen Segen erkennen. Häufig liegt er auch in dem, was wir uns ganz anders vorgestellt hatten. Vielleicht führt uns das in eine größere Abhängigkeit von Gott und dazu, dass wir uns mehr auf den Himmel freuen, auf diese vollendete Herrlichkeit. Durch diese Abhängigkeit von Gott kann ich mich umso mehr auf das freuen, was noch kommt. Es heißt ja, Vorfreude ist die schönste Freude. Ich glaube, es kommt noch was Tolles, Großes für mich und es ist okay, dass ich nicht weiß, wann es so weit sein wird.

WIE WERDEN WIR GLÜCKLICH?

Interview mit der Kulturwissenschaftlerin Dr. Annegret Braun

Annegret Braun ist promovierte Kulturwissenschaftlerin und lehrt Europäische Ethnologie an der Ludwig-Maximilians-Universität in München. Außerdem arbeitet sie als Projektleiterin der Geschichtswerkstatt in Dachau und schreibt Bücher, unter anderem darüber, »Warum Eva keine Gleichstellungsbeauftragte brauchte«. Für ein Forschungsprojekt zum Thema Glückserleben und Lebensglück bat sie zusammen mit ihren Studierenden 700 Menschen darum, eine persönliche Glücksgeschichte zu erzählen. Die Analyse dieser ganz individuellen Erfahrungen ermöglichte es der Ethnologin, tiefer zu verstehen, was Menschen glücklich macht. Wie praktisch, dass wir diese Expertin nun fragen können. Gibt es etwa ein Rezept für ein glückliches Leben?

Ganz geradeheraus: Was macht uns glücklich?

Große Glücksquellen sind in erster Linie tiefe Beziehungen wie Familie und Freunde. Und eine erfüllende Arbeit. Das muss nicht immer der Beruf sein, es kann auch ein ehrenamtliches Engagement sein. Glück erlebt man außerdem sehr stark über die Sinne. Das ist dann auf den Moment bezogen. Ich esse zum Beispiel wahnsinnig gern. Wenn ich mit Freunden oder Familie zusammen esse, habe ich gleich die doppelte Portion Glück. Beziehungen und Sinnliches erleben: Das sind große Glücksquellen.

Warum ist uns Lebensglück überhaupt so wichtig? Wieso reicht nicht satt und sauber?

Die Suche nach Glück ist letztendlich auch ein Wohlstandsphänomen. Menschen, die sich wirklich anstrengen müssen, überhaupt über die Runden zu kommen, denken nicht groß über Glück nach. Die meisten von uns aber haben nicht die Sorge, zu überleben. Und dann wird die Frage wichtig, was mich glücklich macht.

Machen Frauen andere Dinge glücklich als Männer?

Männer und Frauen erleben in gleicher Weise Glück. Beziehungen sind für Männer genauso wichtig wie für Frauen, aber Frauen sind in der Regel breiter aufgestellt: Sie erzählten viel von Glückserlebnissen mit Freundinnen oder Verwandten, von vertrauten Gesprächen und Zusammensein. Männer erwähnten in Bezug auf Beziehungen sehr oft ihre Frau. Freunde sind eher die Kumpels, mit denen man mal weggeht. Arbeit ist auch für beide Geschlechter wichtig als Glücksfaktor, aber Frauen geben Beziehungen trotzdem einen höheren Wert. Karriere ist ihnen schon wichtig, aber nicht um jeden Preis.

Heiraten, Kinder kriegen – versprechen sich die Menschen davon immer noch ihr Lebensglück?

Die Idealvorstellung beinhaltet, dass da jemand ist, der mich vorbehaltlos annimmt. Und die ist bei Frauen wie Männern gleichermaßen da: Menschen suchen feste Beziehungen, möchten Familie haben. Zwar ist die Sehnsucht da, aber die Bereitschaft, sich zu binden, ist geringer geworden. Deshalb haben Frauen momentan bessere Voraussetzungen, ihr Leben zu gestalten. Sie haben mehr Beziehungen, sie haben Freundinnen. Auch wenn ein Partner fehlt, haben sie ein breiteres soziales Leben. Männern fehlt das oft. Wenn sie alleinstehend sind, haben sie zwar Kumpels, aber eine tiefere Beziehung fehlt. Frauen haben – auch wenn die Sehnsucht nach einem Partner bei den meisten immer noch da ist – sehr große soziale Möglichkeiten.

Haben die Menschen schon immer nach Glück gesucht?

Theologie und Philosophie befassten sich sehr früh damit. Da ging es darum, das wahre Glück im Glauben, und vor allem erst nach dem Tod bei Gott zu finden. Wie aber das Glücksverständnis im Alltag aussah, weiß man nicht so genau. Man kann jedoch einiges erkennen, wenn man Glückssymbole betrachtet. Dadurch bekommt man ein gewisses Verständnis dafür, wie Glück empfunden wurde und wie sich der Begriff gewandelt hat.

Was kann man am vierblättrigen Kleeblatt lernen?

Es wurde zum einen ein Glückssymbol, weil es mit den vier Blättern ein Kreuz darstellt. Zum anderen war es selten. Man musste auf der Wiese schon ein bisschen suchen, bis man eines fand. Oder man musste Glück, also Zufallsglück dafür haben. Heute kaufen wir den Glücksklee im Topf. Wir kaufen uns unser Glück. Es ist jederzeit verfügbar. Und das ist unser Anspruch ans Glück heute: dass es immer da ist.

Wenn es also nicht in allen Lebensbereichen wunderbar läuft, ist das schon ein Problem.

Genau. Das illustriert ein zweites Glückssymbol ganz gut: Das Hufeisen hängen wir heute mit der Öffnung nach oben auf, damit das Glück hinein- und nicht wieder herausfällt. Früher hängte man das Hufeisen oft mit der Öffnung nach unten auf oder befestigte es an der Türschwelle mit der Öffnung nach außen, damit das Böse nicht reinkommen konnte. Das war eine Schutzfunktion. Das heißt, wenn alles normal war – keine Seuche im Stall, die Menschen im Haus gesund, die Ernte nicht verhagelt –, dann war man zufrieden. Es gibt einen Spruch von Theodor Fontane, der sagt, Glück, das ist eine Schlafstelle, eine warme Grießsuppe und kein körperliches Leiden. Das reicht uns heute oft nicht mehr. Wobei ich glaube, dass Kinder schon so ein Verständnis von Glück haben wie früher. Bei unseren Befragungen sagte ein Junge aus der zweiten Klasse: »Glück ist, wenn einem kein Löwe oder Bär begegnet.« Wie oft begegnet man einem Löwen oder Bären auf der Straße? Er muss also ein ziemlich glücklicher Junge sein.

Den meisten von uns reicht es aber nicht mehr, keinen Bären zu treffen, um glücklich zu sein. Dafür muss schon auch sonst einiges zusammenkommen: ein erfüllender Job, die Beziehung muss stimmen, und »hygge« soll es auch noch sein.

Daran haben die sozialen Medien großen Anteil. Dadurch entsteht ein ganz anderer Glücksanspruch.

Weil man auf Instagram dauernd sieht, wie Leute tiefenentspannt auf einsamen Felsklippen sitzen und in die Ferne blicken oder ihre Babys in herbstfarbene Merinodecken wickeln?

Man macht ja Fotos von besonderen und schönen Momenten. Keiner postet ein Bild davon, wenn die Familie sich am Frühstückstisch in die Haare kriegt: »Heute morgen Familienzoff gehabt.« Aber wenn man einen Ausflug macht und alle wunderbar harmonisch sind, was vielleicht gar nicht so oft vorkommt, dann fotografiert man das. Noch dazu ist heute vieles, was in den sozialen Medien auftaucht, inszeniert.

Im Kopf wissen wir das ja eigentlich. Was können wir den medial vermittelten Bildern innerlich entgegensetzen?

Auch da sind Beziehungen wichtig, weil man die Realität dann besser kennt. Zum Beispiel bei Ehen: Meist sieht man romantische Paare. Selbst wenn eine Krise kommt, endet die im Film damit, dass die beiden entweder total verliebt sind oder einen neuen Partner haben, mit dem die Beziehung besser funktioniert. Doch wenn ich mit Frauen in meinem Bekanntenkreis rede, sehe ich, wie Ehen wirklich ablaufen. Das finde ich dann ganz beruhigend. Deswegen sind tiefe, ehrliche Gespräche wichtig. Damit man erkennt, wie die Realität ist. In den Medien werden durchaus Themen wie Depressionen oder Burn-out thematisiert, aber es wird dann oft als Problem dargestellt: Das muss geändert werden, da muss man was machen, es muss wieder gut werden. Es wird nicht akzeptiert …

… dass man auch unglücklich sein kann.

Es ist in unserem Inneren verankert, dass wir glücklich sein wollen. Der Zustand der Traurigkeit und der Depressivität ist schwer auszuhalten. Das ist normal. Aber es wird leichter, wenn dieser Druck nicht auch noch da ist: Ich muss glücklich werden. Ich muss was tun. Ich bin selbst schuld, dass ich unglücklich bin.

Sind die Medien der Hauptgrund dafür, dass wir uns oft eher nicht so glücklich fühlen?

Nicht nur. Weil wir auf einem so hohen Niveau leben, gewöhnen wir uns ans Glück und spüren es nicht mehr. Weil uns der Kontrast fehlt. Zum Beispiel wird Gesundheit ja als hoher Glücksfaktor eingeschätzt. Aber zum Teil auch überschätzt. Man denkt, kranke Menschen seien dauerhaft unglücklich, aber sie genießen ja auch Essen, Beziehungen oder einen schönen Film. Und keiner von uns steht morgens auf und sagt: »Ich bin so glücklich, ich bin gesund!« Aber wenn man mit Fieber im Bett liegt und Kopfschmerzen hat …

… denkt man: »Es ist so schön, wenn man einfach nur gesund ist!«

Genau. Und dann ist man froh, wenn man wieder aufstehen kann und tatkräftig ist.

Das stimmt. Aber nach zwei oder drei Tagen verliert das wieder seine Besonderheit. Steckt hinter der Suche nach Glück nur der Wunsch nach Hochgefühl?

Das, was in der Gegenwart eigentlich hinter der Suche nach Glück steckt, ist die Suche nach Sinn. Weil ein glücklicher Mensch weiß und fühlt: Mein Leben hat einen Sinn. Das war früher anders, da wusste man darum.

Inwiefern?

Früher waren die Menschen in der breiten Masse vom Glauben geprägt, die Kirche hatte einen großen Einfluss. Damit war für sie klar, dass sie Geschöpfe Gottes waren, und wenn sie auf dieser Welt waren, dann war das kein Zufall, kein Schicksal, sondern gottgewollt. Sie hatten einen Platz in dieser Welt. Wenn sie nicht glücklich waren, dann hatte das Leben trotzdem einen Sinn. Dann sagten sie auch im Leiden: »Ich weiß nicht, warum ich leiden muss, aber Gott wird es schon wissen. Ich werde dafür im Jenseits belohnt.« Der Sinn war relativ stabil, auch wenn man unglücklich war. Die Glückssuche war in Europa in den vergangenen Jahrhunderten daher nicht an die Sinnfrage geknüpft.

Worin finden Menschen heute Sinn?

Zu meinen Studierenden, von denen die meisten mit dem Glauben wahrscheinlich nichts anfangen können, sage ich immer: »Jeder Mensch ist ein Unikat.« Es gibt auf der Welt keine zwei Menschen, die vollkommen identisch sind. Das ist unvorstellbar. Deshalb hat praktisch jeder einzelne Mensch durch seine Unverwechselbarkeit eine Bedeutung im Leben. Jeder beeinflusst durch Beziehungen das Leben von anderen in irgendeiner Weise. Das kann oft nur eine Kleinigkeit sein. Sinn heißt Zusammenhang. Deshalb ist es für ein glückliches Leben auch hilfreich, Zusammenhänge zu suchen. Wenn man beispielsweise Gartenarbeit macht, dann pflanzt man irgendetwas und sieht, dass erst ein Strauch und dann ein paar Tomaten wachsen. Und wenn man einem Geflüchteten das Lesen beibringt, sieht man, dass das eigene Leben etwas bei einem anderen bewirkt.

Macht Glauben glücklich?

Alle Glücksstudien zeigen eine Tendenz, dass gläubige Menschen glücklicher sind. Es gibt natürlich auch viele, die am Glauben leiden. Wenn man an einen strafenden Gott glaubt, macht das auch unglücklich. Aber ein positives Gottesbild ist glücksfördernd. Das wird in vielen Bereichen ersichtlich. Gläubige Menschen sind oft sozial eingebunden und dadurch weniger einsam. Sie haben in der Regel einen gesünderen Lebensstil und sind dadurch auch gesünder. Und wenn sie etwas Schweres erleben, können sie eher sagen: »Ich weiß nicht, warum mir das zustößt, aber es wird irgendeinen Sinn haben.« Letztendlich hat das Lebensglück mit diesem Sinn zu tun, das ist der Dreh- und Angelpunkt.

In unserem Buch geht es um Lebenskrisen – darf man denn auch unglücklich sein?

Ich denke, dass die eher Unglücklichen einen ganz anderen Beitrag zur Welt leisten. Kunst, Literatur, Musik wurden und werden oft von Menschen gemacht, die es selbst ein bisschen schwer haben. Sie haben einen ganz anderen Tiefgang. Und Hilfsorganisationen werden oft von Leuten betrieben, die die Dinge nicht so hinnehmen, wie sie sind. Sondern die an den Zuständen leiden, dass andere Menschen hungern oder die Welt durch den Umgang mit Ressourcen zunichtegemacht wird. Wenn man selbst leidet, dann geht man viel lieber zu jemandem, der auch tiefgründiger ist und ein bisschen nachdenkt, als zu jemandem, der sagt: »Das ist alles kein Problem. Schau einfach nach vorne.« Es braucht also auch die Unglücklichen.

Wie erforscht man eigentlich Glück?

Für meine Studie habe ich mich in die Glücksforschung eingearbeitet und festgestellt, dass der Glücksbegriff oft nicht genau präzisiert wird. Es ist aber ein Unterschied, ob man einen Glücksmoment oder Zufriedenheit meint. Und deshalb redet man leicht aneinander vorbei, wenn man fragt: »Ist Glück machbar?« Alle Studierenden im Kurs befragten für meine Studie jede Woche jemanden zum Thema: »Was ist für Sie Glück? Erzählen Sie es anhand eines Glückserlebnisses.« Das war eine sehr offene Frage, ohne in eine bestimmte Richtung zu lenken.

Anhand der Analyse dieser Geschichten ordnete ich das Glück in einem wissenschaftlichen Aufsatz in drei Kategorien: einmal den euphorischen Glücksmoment, der oft unvermittelt kommt. Man hat nichts dafür getan, und auf einmal wird man vom Glück überrascht. Dann gibt es als Zweites die Zufriedenheit, auf der letztendlich viele Studien beruhen. Es ist eine kognitive Sache, das Gute und Schlechte im Leben zu sehen und dem Guten mehr Gewicht zu geben. Schließlich gibt es noch etwas dazwischen. Das ist Freude oder auch Vorfreude. Diese Kategorie liegt auch zeitlich zwischen den beiden anderen, ist auf bestimmte Ereignisse bezogen und es ist eine gewisse Machbarkeit vorhanden. Durch unsere Befragung stellten wir fest, wie unterschiedlich Glück sein kann. Sowohl von der Dauer und Intensität als auch von der Machbarkeit.

Ist Glück denn nun machbar?

Man kann sein Glück schon beeinflussen, indem man einen guten Boden bereitet. Das heißt zum Beispiel Beziehungspflege. Für uns ist Glück oft leichter durch Materielles spürbar: Man kauft sich etwas Tolles und fühlt sich einen Moment lang glücklich. Aber das Problem ist, dass man bald mehr oder wieder etwas anderes braucht. An Beziehungen hingegen gewöhnt man sich nicht, die Gewöhnung hat in diesem Fall vielmehr den positiven Effekt der Vertrautheit. Und trotzdem sind Beziehungen wandelbar, man ist immer wieder vor neue Herausforderungen gestellt. Letztendlich suchen wir alle nach Liebe und Anerkennung.

Außerdem ist Passivität ein Glückskiller. Wichtig ist, dass man seine Fähigkeiten einbringt, die Sinne aktiviert. Kreativ sein, sich handwerklich betätigen, Musik machen oder Gartenarbeit, ehrenamtliches Engagement. Oft ist das mit Anstrengung verbunden, aber eben auch mit Glück. Man kann also für sein Glück einiges tun: Beziehungen pflegen, aktiv sein, seine eigene Kreativität fördern und auch den Moment bewusst wahrnehmen.

Da schwingt ein Aber mit ...

Man hat schon einen Einfluss darauf. Aber die Fähigkeit zum Glücklichsein ist auch genetisch verankert. Das erkennt man daran, wie unterschiedlich Menschen Dinge angehen: Die einen machen sich Gedanken und grübeln, ob sie einen Fehler gemacht haben. Andere haken Niederlagen einfach ab. Sie denken nicht weiter darüber nach, sondern sehen in die Zukunft und gehen ihren Weg. Hart ausgedrückt könnte man sagen: Die einen haben eine Begabung fürs Glück und die anderen nicht. Aber wie gesagt: Ohne die unglücklichen Menschen wäre die Welt ärmer.

Manche von uns sind nicht grundsätzlich niedergeschlagen, sondern gehen durch eine Krise, es gibt einen konkreten Grund, ein Unglück. Haben Sie für solche Situationen einen Ratschlag?

Es hilft schon, Dankbarkeit einzuüben. Es hilft, den Blick vom Negativen zum Guten zu wenden. Aber es ist kein Automatismus. Es fällt uns wahnsinnig schwer, Zeiten zu akzeptieren, in denen es nicht gut läuft, in denen wir an uns zweifeln, wo wir Niederlagen erleben. Unser inneres Bestreben ist natürlich, diesen Zustand zu beseitigen. Daher sind Krisen ein großer Motivator dafür, Veränderungen anzugehen. Weil wir aus diesem Krisenzustand heraus- und zum Glück hinwollen. Das motiviert uns, hart zu arbeiten. Gleichzeitig müssen wir das Bewusstsein haben, dass auch das Banale dazugehört und ein Teil unseres Lebens ist. Dass unser Leben aus Glück, Unglück und normalen Momenten besteht. Das erfüllte Leben bekommen wir nur dann, wenn wir auch diese schwierigen Zeiten als Teil unseres Lebens akzeptieren. Das ist etwas, das man sich bewusst machen muss.

»BEZIEHUNGEN
UND SINNLICHES
ERLEBEN – DAS
SIND GROSSE
GLÜCKSQUELLEN.«

»MEIN GANZER KÖRPER WAR KAPUTT.«

Wenn Krankheit das Leben aus der Bahn wirft

Mechthild ist im besten Sinne des schwäbischen Wortes eine Schafferin. Die ausgebildete Krankenschwester heiratete früh, arbeitete in der Arztpraxis ihres Mannes mit, zog vier Kinder praktisch allein groß, engagierte sich ehrenamtlich in der Kirchengemeinde und war nach einer privaten Gesangsausbildung zwanzig Jahre hauptsächlich als Kirchenmusikerin tätig. Mechthild kommt ins Schwärmen und der ganze Körper gerät in Bewegung, sobald es um Musik geht – egal ob klassische Musik, Kirchenmusik oder Jazz. In ihrem Haus finden Musikstudierende aus aller Welt ein Zuhause, wenn auch nur übergangsweise, und gutes Essen ist in ihrer Küche in Fülle vorhanden. Mechthild bezeichnet sich selbst als Hansdampf in allen Gassen, energiegeladen von morgens bis abends. Im Sommer 2008 gab es in ihrem Leben aber eine Zäsur.

Es war Juni. Mein Mann und ich mähten auf dem Grundstück seines elterlichen Hauses die Wiese. Am Zaun zum Nachbargrundstück schauten lange Grashalme heraus, an die man mit dem Rasenmäher nicht hinkam. Weil ich da ein bisschen pingelig bin, stutzte ich diese von Hand mit einer Rebschere. Als wir fertig waren, stellte ich einen Juckreiz am Rücken fest. Unterhalb des Grundstücks fließt ein Fluss, daher waren wir an Mücken im Sommer gewöhnt. Zu Hause trugen wir eine antibakterielle Salbe auf – damit war das Thema für uns eigentlich gegessen. Es war nur eine Rötung.

Zehn Tage später empfing unsere Gemeinde unsere Partnerkirche aus Russland und ich bereitete dafür eine riesige Schüssel Nachtisch zu, obwohl es mir eigentlich nicht gut ging. Trotzdem arbeitete ich hinterher noch in der Praxis. Ich war ja eigentlich nie krank und kannte es gar nicht, mich nicht fit zu fühlen. Ich weiß noch, dass ich sagte: »Ich glaube, ich werde krank.« Anschließend ging ich nach Hause. Und danach weiß ich nichts mehr. Am Tag darauf hätte meine jüngste Tochter eigentlich bis zum späten Nachmittag Unterricht gehabt. Sie war damals Abiturientin. Dieser Nachmittagsunterricht fiel aber Gott sei Dank aus und so kam sie schon vormittags um 11 Uhr nach Hause, statt abends um 18 Uhr.

Sie fand mich fantasierend auf dem Sofa. Meine Tochter rief daraufhin meine Schwester an, die ebenfalls Ärztin ist, und meinen Mann, der noch einen Internisten mitbrachte. Die drei besprachen sich und beschlossen, dass ich erst mal ins Bett gehen sollte – es war unklar, was eigentlich mit mir los war. Nachts musste ich auf die Toilette, das konnte ich wohl noch artikulieren, aber ich konnte nicht richtig gehen. Und ich bekam meine Augen nicht mehr auf. Da wurde meinem Mann klar, dass das Ganze eine neurologische Ursache haben musste. Er wählte den Notruf.

Im Krankenhaus wusste man über eine Woche lang nicht, was ich hatte. Bis eine Untersuchung des Nervenwassers erbrachte, dass ich einen Virusinfekt hatte, ausgelöst durch eine Zecke. Es ist ja bekannt, dass Zeckenbisse Hirnhautentzündungen hervorrufen können. Es war in meinem Fall aber nicht nur eine Hirnhautentzündung, sondern mein zentrales und peripheres Nervensystem waren befallen.

Ich wurde daraufhin mehrere Wochen lang in ein künstliches Koma gelegt, wobei die Ärzte nicht glaubten, dass ich das überleben würde. Meine Schwester ist selbst Anästhesistin und meinte, sie hätte in ihrem ganzen Leben noch keinen Menschen an so vielen Apparaten gesehen. Ich war an zwölf Maschinen angeschlossen, durch die alle meine Organe, bis auf die Nieren, mit Medikamenten versorgt wurden. Zusätzlich hatte ich noch eine beidseitige Lungenentzündung. Und eine Endokarditis, also Herzinnenhautentzündung. Mein ganzer Körper war kaputt.

Als man mich aus dem Koma holte, saß mein Bruder neben mir. Ich bewegte die Lippen und er fragte: »Mechthild, wo bist du denn, was willst du mir sagen?« Da meinte ich: »Ich bin vor dem goldenen Tor.« Als er wissen wollte, was ich da tat, antwortete ich: »Ich tanze!«

Nach fünf oder sechs Wochen bekam ich einen Intensivplatz in einer neurologischen Klinik. Ich kann mich noch an ein Ruckeln erinnern, das wohl daher kam, dass man mich aus dem Krankenwagen heraushob. Eine zweite Erinnerung habe ich daran, dass Wasser über mich lief. Da hob man mich offensichtlich in die Badewanne. Ich konnte das damals nicht zuordnen. Aber das Wasser, das über mich lief, empfand ich als wohltuend. Dieses Gefühl werde ich nie vergessen.

Ich lag dann erst mal einfach nur im Bett. Ich konnte nichts bewegen. Alle sechs Stunden wurde ich gedreht, auch nachts. In dieser Zeit konnte ich weder eine Klingel betätigen noch ein Glas halten. Ich war vom Hals ab vierseitig gelähmt. Es ging einfach gar nichts mehr. In der neurologischen Klinik war ich noch eine Weile auf der Intensivstation, später kam ich in ein Patientenzimmer, das die Zimmernummer 007 hatte. Das fand ich witzig und dachte: »Das passt eigentlich zu mir.« Ich konnte in dieser Zeit wieder sprechen, aber ich war immer noch gelähmt. Man musste mich im Rollstuhl festschnallen, vor allem meinen Kopf, den ich nicht selbst halten konnte.

Trotz aller Umstände war ich während der ganzen Zeit im Krankenhaus nie depressiv. In meinem Zimmer sah es aus wie in einem Blumenladen. Zwanzig Sträuße waren die Regel. Ich bekam viel Besuch aus meiner Gemeinde, von Freunden und vor allem von meiner Familie. Meine Mutter war fast jeden Tag bei mir. Meine Schwester hatte montags ihren freien Tag und besuchte mich stets. Zwei meiner Brüder kamen zusammen jeden Dienstag oder Mittwoch. Ein weiterer Bruder von mir konnte mich zwar nicht so regelmäßig besuchen, aber er rief mich jeden Morgen pünktlich um sieben Uhr an und las mir einen Liedvers vor. Ich weiß ehrlich gesagt gar nicht mehr, wie ich damals den Hörer abgenommen habe.

Mein Vorname bedeutet »mächtige Kämpferin«. Und tatsächlich kämpfte ich mich mit großer Mühe wieder zurück ins Leben. Mein Antrieb war, dass ich auf keinen Fall ein Pflegefall bleiben und im Rollstuhl sein wollte. Ich bin ja von Natur aus ein Energiebolzen. Für mich passten der Rollstuhl und ich einfach nicht zusammen.

Insgesamt war ich acht Monate lang im Krankenhaus. Es war sehr mühsam, alles wieder neu zu lernen. Einmal musste ich länger auf den Pfleger warten, der mich anziehen sollte, weshalb ich zum ersten Mal selbst vom Bett in den Rollstuhl kletterte und mir selbst meinen BH anzog – was eigentlich ein Ding der Unmöglichkeit war. Als der Pfleger irgendwann in mein Zimmer kam, sah er schon von der Tür aus, dass ich mich alleine angezogen hatte. Er rief: »Die Frau ist der Wahnsinn!«, und machte schnell wieder kehrt.

Später übte ich jeden Tag am Rollator gehen und drehte meine Runden, gnadenlos. Ich wusste: Ich komme da wieder raus. Ich hatte nämlich ein Schlüsselerlebnis: Nachdem ich in eine andere Etage verlegt worden war, hatte ein Pfleger eine CD von mir gefunden und in die neue Station gebracht. Er wusste, dass die CD nur mir gehören konnte, weil ich immer klassische Musik hörte. Ich legte die CD am nächsten Tag ein, und es kam die Motette Nr. 228 von Bach. Als Sängerin kannte ich sie natürlich.

smorzando

Der Text geht auf Jesaja 41,10 zurück und lautet: »Fürchte dich nicht, ich bin bei dir. Weiche nicht, denn ich bin dein Gott. Ich stärke dich, ich helfe dir auch. Ich erhalte dich durch die rechte Hand meiner Gerechtigkeit. Fürchte dich nicht, denn ich habe dich erlöst. Ich habe dich bei deinem Namen gerufen, du bist mein.« Als ich das hörte, war es für mich wie eine Zusage Gottes: ein Versprechen, dass ich es schaffen würde. Das gab mir Kraft.

In der Zeit im Krankenhaus hörte ich viel Kirchenmusik. Kantaten und Oratorien, zum Beispiel »Elias« von Mendelssohn Bartholdy oder »Messias« von Händel. Es war viel von dem, was ich früher gesungen hatte. Als ich feststellte, dass ich die Texte noch konnte, was nicht selbstverständlich war, rezitierte ich sie sehr oft: »Sei stille dem Herrn und warte auf ihn.« Für mich waren sie ein solcher Schatz. Sie haben mir viel Auftrieb gegeben.

Eine Ärztin erzählte mir einmal im Aufzug, sie habe zu ihrem Mann gesagt, er solle, wenn sie selbst jemals bewusstlos oder im Sterben läge, einen großen Zettel mit meinem Namen auf ihren Nachttisch stellen. Dann wüsste sie, sie könne es schaffen. Viele Ärzte glaubten aber nicht daran. Es gab zum Beispiel eine Oberärztin auf meiner Station, die ich als wenig empathisch empfand. Sie sagte zu mir: »Wenn Sie bis zum 1. März nicht laufen können, bestellen wir schon mal ein Bett und Pflegepersonal. Dann sind Sie eben ein Pflegefall zu Hause.« Ich antwortete: »Ja, aber bis dahin habe ich noch drei Wochen Zeit!« Ich sagte mir immer: »Ich werde in roten Schuhen und in meinem roten Mantel ohne Krücken aus dem Krankenhaus nach Hause gehen!« Und so war es dann auch. Ende Februar wurde ich entlassen.

Zu Hause kostete es mich fast noch mehr Kraft, das tägliche Leben wieder einzuüben. Es war schwer, wieder Treppen zu steigen. Vom Keller in die oberen Stockwerke zu kommen, ist für mich bis heute eine extreme körperliche Anstrengung, weil meine Rückenmuskulatur nicht trainierbar ist. Meine Impulsivität habe ich aber nicht verloren. Wenn etwas nicht klappt oder ich mal eine Not habe, dann kann ich das gar nicht leiden! Ansonsten bin ich aber ein Mensch mit viel Fantasie. Dadurch bekomme ich fast alles hin, was ich im Alltag brauche.

Es gibt jedoch etwas, an dem ich bis heute zu knabbern habe: Trotz aller Übung und Bemühung kann ich nicht mehr so Klavier spielen und singen wie früher. Das mit dem Singen habe ich schon aufgegeben. Ich bin auch bis heute in logopädischer Behandlung, weil ich aufgrund der Lähmungen lange Zeit nur undeutlich reden konnte. Klavier spielen kann ich noch, allerdings nur langsame Stücke. Da warte ich auf ein bisschen Schub. Früher konnte ich mich am Klavier richtig austoben. Vor dem Zeckenbiss war ich auch mindestens einmal im Monat im Konzert. Das habe ich erst nach fünf Jahren wieder geschafft. Jahrelang kamen mir immer die Tränen, wenn ich dachte: »Das habe ich auch mal gesungen.« Ich habe gemerkt, dass Loslassen wie Trauerarbeit ist. Es ist ein langer Prozess und es ist manchmal schon herb. Das muss durchlitten sein und durchlebt und durchtrauert. Loszulassen und damit einverstanden zu sein, das geht nicht von heute auf morgen.

Meine Schwester sagte schon mehrmals: »Ich verstehe nicht, warum Gott zulässt, dass du nicht mehr so Klavier spielen und singen kannst.« Ich habe mich allerdings nie gefragt, warum mir das passiert ist. Für mich war das Wort aus Jesaja 41 eine Zusage von Gott. Daher erschütterte es auch meinen Glauben nicht. Manches werde ich Gott fragen, wenn ich ihn von Angesicht zu Angesicht sehe.

Ich wurde durch meine Krankheit etwas langsamer. Somit bin ich auch gezwungen, den Tag morgens in Ruhe anzufangen und mir die Zeit dafür zu nehmen. Ich lese die Losung, trinke meinen Kaffee, meditiere und bete in dieser Zeit viel für meine Kinder und Enkelkinder. Auch mein Glaube ist ruhiger und tiefer geworden. Dadurch, dass ich mehr Zeit für mich habe, denke ich über vieles nach. Im Moment bin ich dabei, mir die Wunder meines Lebens aufzuschreiben.

Eine der beeindruckendsten Erfahrungen machte ich vor etwa fünfundzwanzig Jahren. Damals wollte ich für Erntedank ein zwei Meter großes Brett für den Altarraum gestalten. Die Ähren dafür hatte ich selbst auf einem Feld gepflückt und das

Brett mit viel Mühe gestaltet. Es war wunderschön. Ich wollte es am Abend vor dem Erntedanksonntag selbst aufhängen. Ich hatte es mir relativ einfach vorgestellt, ich war ja kräftig. Es funktionierte aber nicht so, wie ich es mir gedacht hatte. Immer wieder rutschte es ab. Ich holte zu Hause eine Teleskopstange, aber es klappte trotzdem nicht. Es wurde spät und ich war schon wirklich müde.

Schließlich überlegte ich mir eine neue Konstruktion, aber dabei fiel mir das Brett auf die zweistufige Treppe zum Altar und zerbrach in zwei Teile. Ich war in dem Moment so erschöpft, dass ich meiner Enttäuschung freien Lauf ließ und laut sagte: »So, Gott! Ich dekoriere nie wieder was für dich! Nie wieder! Ich spiele nur noch im Gottesdienst Klavier, dass du das weißt! Ich schmeiße das jetzt alles in die Mülltonne.« Das Zweidrittel-Brett war aber zu groß für die Tonne der Kirche. Also musste ich drauftreten, um es zu zerkleinern. Und in dem Moment, als ich schon mit dem Fuß ausgeholt hatte – ich kam mir hinterher vor wie Abraham kurz vor der Opferung –, hörte ich ein »Halt!«. Eine deutliche Stimme in mir sagte: »Reparier das Brett und häng es an die Kirchentür!« Und ich fragte: »Was hast du gesagt?!« Dann hörte ich es noch einmal. Es war so klar, dass ich weinen musste.

Ich fuhr also wieder nach Hause, ging in meine Werkstatt im Keller und holte mir Werkzeuge, eine Drachenschnur und eine Schere. Inzwischen war es halb elf. Ich reparierte irgendwie das Brett und hing es wie befohlen an die Kirchentür. Die Kirche steht unter Denkmalschutz, man darf eigentlich keinen Haken anbringen, ohne den Vorstand zu fragen. Ich sagte also zu Gott: »Wenn ich das Brett schon an die Tür mache, will ich aber auch, dass morgen niemand einen Ton sagt. Sonst werfe ich es wirklich in die Mülltonne.«

Ich hängte das Brett ohne Maßband millimetergenau in die Mitte der Tür. Während der Aktion dachte ich, dass die Polizei bestimmt anhielte, wenn sie mich nachts um halb zwölf an der Kirchentür herumfummeln sah. Es kamen aber keine Polizisten, sondern Passanten, die die Idee und Gestaltung lobten. Eine Frau meinte, nun käme sie auch in den Erntedank-Gottesdienst. Am nächsten Tag ging ich mit bibberndem Herzen in die Kirche, aber jeder war begeistert. Und ich dachte: »Wenn ihr wüsstet, was da war!« Das ursprüngliche Bild war kaputtgegangen. Ich hatte mir alles ganz anders ausgemalt, aber aus dem Zerbrochenen war etwas Schönes entstanden. Es hängt bis heute an unserer Kirchentür.

Ich habe schon oft gehört, dass meine Geschichte anderen Mut gemacht hat – das Wieder-Aufstehen, die Erfahrung mit »Fürchte dich nicht«. Es hat mein Leben bestimmt, schwierige Zeiten durchzuhalten. Meine beiden Töchter hatten es nicht so einfach und meine Jüngste sagt immer: »Mama, wenn ich dein Vorbild nicht gehabt hätte, dann hätte ich schon viel früher aufgegeben.«

Durch meine Krankheit musste und konnte ich mich noch mehr auf Gott verlassen als vorher. Ich ließ mich in Gottes Hände fallen und vertraute auf ihn, obwohl ich nichts mehr konnte. Dazu möchte ich andere ermutigen. Auch dazu, das Gute zu sehen und die leuchtende Feuersäule in der Wüste. Ich erlebe immer wieder Zeichen der Hilfe und der Versorgung Gottes.

Ich habe erlebt, dass Gott nicht kleingeistig oder eng ist. Er zeigt sich jedem individuell und so, wie er oder sie ihn verstehen kann. Wir Menschen stecken ihn immer in so kleine Kästchen. Aber ich glaube, dass er ein riesiger, unendlicher Gott ist und ein viel größeres Herz hat, als wir das oft denken. Sonst hätte er nicht so unterschiedliche Menschen, so viele Kulturen und so viel Schönes geschaffen. Ich lege die Zukunft einfach in seine Hand, basta.

»ICH WAR NICHT MEHR ICH SELBST.«
Wenn die Seele nicht mehr kann

Ein Sommergewitter zieht auf. Der Wind zerrt an den Haaren und dem großen Sonnenschirm, dicke Wolken türmen sich am Himmel, die ersten Tropfen fallen, die Wespen tanzen wild um die Melonenstücke auf dem Terrassentisch. Daniela Mailänder, genannt Jele, ist gestern erst von einem Familiencamp wiedergekommen, das nicht ganz so lief wie geplant: Sturm und Regen, überschwemmte Zelte, die Feuerwehr musste zum Pumpen kommen. Morgen will Jele schon in ihren Sommerurlaub mit der Familie weiterfahren. Das Interview passt aber noch schnell dazwischen. So einigermaßen zumindest. Es donnert. Und Jele Mailänder fängt an zu erzählen, von sich und von dem Sturm, der ihr Leben durchgerüttelt hat.

Ich bin eine Gründerin. Schon in meiner Kindheit fing ich immer Dinge neu an. Ich wuchs in einem Dorf am Rand des Schwarzwalds auf, als Älteste von vier Geschwistern. Mein Papa leitet einen großen Innenausbau-Betrieb, meine Mutter hat ein Küchenstudio, und der Unternehmergeist meiner Eltern prägte meine Kindheit sehr.

Schon früh gründete ich selbst: Als Jugendliche einen Chor mit Freunden, während des Studiums eine Kooperation zwischen dem CVJM Nürnberg und dem CJD für benachteiligte Jugendliche, und nach meinem Abschluss in Sozialer Arbeit und

Theologie wurde ich gefragt, ob ich als Jugendreferentin die Jugendkirche in Nürnberg mitgründen möchte. Ich wollte. Mit 30 Seiten Papier fingen wir an und bauten dann eine große 60er-Jahre-Kirche zur modernsten Kultur-Location in Nürnberg um. Wir lebten dort Gemeinde, Kirche mit Jugendlichen, die bis dahin ganz wenig mit Glauben zu tun hatten.

Nach der Geburt unseres zweiten Kindes stieg ich als Referentin beim deutschlandweiten Fresh-X-Netzwerk ein, damals war die Bewegung in Deutschland noch ganz am Anfang. Ich baute die Kommunikation und das Netzwerk auf, war auf vielen Messen und in der Verkündigung unterwegs, und dann bekam ich das dritte Kind.

Immer wieder merkte ich: Es liegt mir, Dinge zu gründen, zu initiieren, vorauszugehen. Meine Persönlichkeit tickt so. Und es ist meine größte Gabe und Stärke, dass ich so viel Energie habe, aber es wird mir auch zum Verhängnis, wenn ich in ein Machen reinkomme, das mich an Grenzen stoßen lässt. Es gibt eben doch ein Zuviel. Auch wenn ich viel Kraft habe, gibt es einen bestimmten Punkt, an dem ich merke: Wow, jetzt geht gar nichts mehr. Wenn ich mich nicht früh genug in eine Ruhe zurückziehe, dann geht was kaputt, dann wird auch meine Energie zerstörerisch.

Dass etwas nicht stimmt, merkte ich nach unserem Umzug. Wir hatten zuvor in einer Lebensgemeinschaft in Nürnberg gewohnt und standen dann vor der Frage, ob wir unser jetziges Haus kaufen oder nicht. Ich wusste nicht, was ich wollte. Ich hatte keine Zeit, so eine Entscheidung zu treffen. Ich schaute dann einfach, was mein Mann wollte. Es schien, als hätte er das Haus gerne. Also kauften wir es. Ich hatte in dieser Phase einen sehr engen Zeitplan mit zwei kleinen Kindern und Verkündigungsdiensten und meiner Arbeit, sodass ich mir keine Zeit nahm, bei mir zu sein. Ich war im Erledigen, Abhaken, Machen. »Jetzt musst du schlafen, damit du morgen wieder funktionieren kannst«, so dachte ich. Aber schon vor dem Umzug fing ich an, mich zu fragen, was ich da jetzt entschieden hatte. Zahllose Nächte lag ich wach und weinte, ich hatte Schüttelfrost und Heulkrämpfe, Brüllen, Weinen, Anklagen.

Eines Nachts heulte ich nur noch, das war schrecklich. Ich brüllte, weinte, und dann war es nur noch ein Wimmern. Und ich dachte: »Irgendwas ist in deinem Leben falsch, das kann ja nicht normal sein.« Ich sagte zu meinem Mann: »Ich kann nicht mehr. Ich schlafe nicht mehr, ich funktioniere nur noch.« Ich wusste überhaupt nicht mehr, was ich wollte oder nicht wollte. Der Zugang zu mir ging mir verloren. Das sage ich im Nachhinein. Aber auch damals merkte ich durchaus, dass ich nicht mehr ich selbst war.

Da war ganz viel Reue, ganz viel Scham. Ich dachte: »Wer ist denn so bescheuert und trifft so eine große Entscheidung einfach gar nicht? Sondern lässt das so passieren?« Ich war nicht unbedingt wütend, sondern fragte mich eher: »Wie bin ich denn hier gelandet?« Es war eine tiefe Ernüchterung. Eine totale Entfremdung. Ich funktionierte nur noch. Und ich hatte tiefe Zweifel. Es war alles durcheinander.

Mein Umfeld nahm das nicht so richtig wahr. Ich merkte allerdings, dass ich mir Hilfe holen musste, und sprach meinen damaligen Mentor und Hauskreisleiter an, der uns schon lange begleitete. Leider war er in diesem Moment ein schlechter Seelsorger, weil er nur sagte: »Das wird schon besser, ihr fühlt euch halt ein bisschen fremd hier.« Ich dachte: »Er hat gar nicht verstanden, um was es geht! Ich lebe ein falsches Leben. Ich bin nicht mehr ich!«

Mir ging es hundeelend. Aber was wirklich mit mir los war, verstand niemand. Ich dachte: »Irgendjemand muss sich doch mal um mich kümmern!« Aber es kümmerte sich niemand um mich. Mein Mann war selbst irgendwann total fertig und wusste nicht mehr, was er machen sollte. Da war niemand, der angeboten hätte: »Jele, ich koch jetzt mal für dich.« Oder: »Dir geht's nicht gut, ich nehme mal die Kinder für drei Tage.«

Meine Mutter kam einmal, um mir zu helfen, da bin ich in den Wald und habe gebrüllt, gebrüllt, gebrüllt. Sie versuchte schon, mich zu unterstützen, aber sie wohnt weit weg, und sonst war da niemand, auch von unseren Freunden nicht.

Das nehme ich niemandem krumm. Weil ich immer stark wirke und energiegeladen, war das surreal für viele, glaube ich. Ich weiß nicht, wie laut ich noch hätte schreien müssen. Ich konnte es ja auch nicht benennen. Wenn man in so etwas drinsteckt, fühlt man das, aber findet keine Worte dafür, das konnte ich erst im Nachhinein. Damals konnte ich nur sagen, dass es mir elend geht. Ich wäre gar nicht auf den Gedanken gekommen, zu einer Therapeutin zu gehen – ich hätte nicht gewusst, was ich ihr sagen sollte.

Ich wollte zurück in unser altes Haus. Unsere Wohnung war aber nicht mehr frei, das war die Krux. Wir hatten mit einer anderen Familie zusammengewohnt, und in unsere ehemalige Wohnung waren andere Freunde eingezogen. Ich sah immer dieses heile Bild von früher, aber saß stattdessen im neuen Haus und fühlte mich fürchterlich. Im Nachhinein würde ich sagen, es war auch die Umzugssituation, aber das war nur ein Bruchteil von dem, was eigentlich dahintersteckte.

Ich stellte Gott damals Fragen. »Warum tust du denn nichts? Warum können wir nicht zurück, warum kümmern sich die Leute nicht um mich?« Ich fühlte mich alleingelassen mit dieser ganzen Sache, und ich war auch allein. Weil mein Mann mir nicht helfen konnte und meine Freunde nicht checkten, wie es mir ging. Ich konnte mich auch nicht dauernd an meine Eltern wenden, was hätte ich denn sagen sollen? »Mir geht's immer noch schlecht«? Ich war total allein. Und da hat Gott sich vielleicht doch gezeigt.

Ich hatte keine Alternative. Ich betete nächtelang Psalmen, und es war die einzige Möglichkeit, die ich hatte. Mit meinem ganzen Unvermögen, meiner Kraftlosigkeit, den ganzen Gefühlen und den ganzen bösen Worten, die ich in mir hatte, wandte ich mich an Gott. Ich habe schon immer gerne und viel in der Bibel gelesen, aber jetzt konnte ich gar nicht anders, als im Wort Gottes zu lesen, als wortlos zu beten, Psalmen zu beten. Ich musste Tagzeitgebete machen, sonst wäre mein Tag auseinandergefallen. Ich fühlte mich Gott dadurch nahe.

Irgendwann dachte ich mir: »Dein Mann kann nicht mehr, du kannst deine Mutter nicht mehr belasten, deine Kinder kriegen einen Schaden. Du musst jetzt was machen.« Da fuhr ich ins Kloster, nur drei oder vier Tage, aber die waren sehr entscheidend für mich.

Ich weinte und schrie dort viel. Mir war die Kehle oft wie zugeschnürt. Völlig orientierungslos. Es gab kein Programm im Kloster, keine Exerzitien. Aber ich bat um ein seelsorgerliches Gespräch, um endlich einmal alles loszuwerden.

Im Nachhinein verstand ich erst, was da alles passiert ist. Ich erzählte der Schwester alles, was in mir los war, und sagte, dass ich in mein altes Leben zurückwollte. Doch sie wusch mir den Kopf und meinte, dass es nicht am Umzug liege. »Du weißt nicht, was du willst, du hast keinen Kontakt zu dir selbst, du bist nicht bei dir. Du hast deine innere Heimat verloren.« Ich antwortete: »Meine Kinder haben ihre Heimat verloren, ich habe sie da herausgerissen.« Und sie: »Wenn du in dir zu Hause bist, dann kannst du auch ein Zuhause für deine Kinder sein.«

»Okay«, dachte ich, »jetzt muss ich auch noch in mir zu Hause sein.« Erst später begriff ich, was das bedeutete.

Die Schwester sagte auch: »Lies mal wieder in deiner Bibel.« Dabei hatte ich doch ganz viel in meiner Bibel gelesen und auch ganz viel verstanden! Ich bin Theologin! Aber sie hatte recht: den mystischen Aspekt, den überraschenden, dass Christus in mir ist, ganz praktisch, das hatte ich überhaupt nicht auf dem Schirm. Mein Bild war so, wie man das im Pietismus lernt: »Ich bin klein, mein Herz mach rein, es soll niemand drin wohnen als Jesus allein.« Aber diese Worte hatten überhaupt keine Bedeutung für mich. Ich hatte keine konkrete Vorstellung davon.

Ich fuhr zurück nach Hause und nahm den Gedanken mit. Ich fing auch an, intensiv in der Bibel zu lesen, aber mir ging es noch nicht besser, sondern schlechter. Ein halbes Jahr lang war das noch so. Einige Wochen war ich krankgeschrieben, dann beantragte ich eine Mutter-Kind-Kur. Kurz davor hatte ich einen Nierenstein, mit fürchterlichen Schmerzen. Er wurde rausoperiert. Als der Arzt hinterher mit einem

Döschen mit dem Stein reinkam, sagte er: »Der war in dir.« Ich guckte diesen Stein an und dachte: »Da ist ein Stein in meiner Seele gewesen. Krasses Ding.«

Ein paar Wochen später, nach der Mutter-Kind-Kur und meinem Urlaub, merkte ich: Jetzt bin ich überm Berg. Ich hatte nichts verarbeitet, aber ich konnte wieder mal eine Nacht schlafen, mir wurde bewusst, dass es meinen Kindern eigentlich nicht so furchtbar schlecht ging, ich konnte wieder normal essen.

Die Zweifel und der Hader kamen trotzdem hoch, vor allem nachts. Ich nenne sie bis heute Wölfe, die Hader-Wölfe. Sie kommen immer noch, wenn ich mit mir selbst nicht im Reinen bin. Manche Menschen würden vielleicht sagen, dass das Dämonen sind, oder einfach Stimmen, die dich anklagen: »Du bist schuldig. Du bist schlecht. Du hast dich falsch entschieden, Gott wollte etwas anderes von dir, du lebst ein falsches Leben, du kannst das nicht, du bist nicht gut genug.« Das sind die Wölfe.

Wenn sie kommen, hilft mir ein Notizbuch, in dem ich aufschreibe, was sie sagen. Und dann lese ich es mir durch und denke: »So ein Quatsch.« Ich lache darüber: »Das entspricht nicht der Wahrheit. Das sind die Wölfe.« Sie reißen an mir, und reißen manchmal ein Stück von mir aus. Dann steht das da im Notizbuch.

Dadurch, dass sie Namen haben und personifiziert sind, hilft mir das schon. Im Notizbuch sind sie wie gebannt, und dann spreche ich inzwischen auch ein Gebet über ihnen, manchmal einfach ein »Christus« oder ein lautes »Jesus«.

Ich glaube, im evangelikalen Bereich würde man sagen: »Es ist Kraft im Namen Jesus.« Und das stimmt. Es wird eine göttliche Energie freigesetzt, wenn wir eine Wahrheit aussprechen. Wenn ich vor einer Predigt, vor der ich Zweifel bekomme, lache und sage: »Das ist Quatsch, natürlich kann ich gut predigen, und natürlich ist das, was ich vorbereitet habe, gut genug«, dann schafft das eine Realität. Trotzdem gibt es Nächte, in denen ich nicht mehr einschlafen kann, und dann bete ich einen Psalm. Meist Psalm 67 oder 31.

Mehr als ein Jahr nachdem es mir wieder besser ging, begann ich, das Ganze systematisch mit einer geistlichen Begleiterin aufzuarbeiten, später habe ich auch noch eine Therapie gemacht. Im Nachhinein denke ich, dass ich mich selbst überholt habe. Ich machte zu viel, gönnte mir zu wenig Ruhe und war nicht bei mir selbst.

Das war bestimmt ein psychologischer Prozess, aber es war für mich auch ein zutiefst geistlicher. Ich fühlte mich Gott niemals näher und habe ihn auch nie mehr verstanden als damals. Mir war so elend, dass ich gar nicht anders konnte, als mich an ihn zu wenden.

Ich habe einen ganz anderen Zugang zu Christus gewonnen. Er ist zwar auch noch ein Gegenüber für mich, aber wenn ich mit ihm spreche, ist das eher so, als ob ich in mich hineinfalle, weil er in mir ist. Ich hatte mir das immer so vorgestellt, dass Jesus der Freund ist, mit dem ich zusammensitze und mit dem ich bete, also ein Gegenüber. Mein Glaube hat sich komplett verändert, er ist irgendwie in mich reingefallen, nicht mehr so nach außen gewandt. Teresa von Ávila hat mich da zutiefst inspiriert. Und Johannes vom Kreuz. Er sagt, dass es einen inneren Raum in uns gibt. Wenn ich bete, gehe ich in diesen Raum. Er wird immer präsenter. Wenn das wirklich wahr ist, dass Christus in mir lebt, dann ist er in allem, was ich bin und habe. Das prägt mich zutiefst. Mein Bild von Christus hat sich total verändert. Ich sage kaum mehr »Jesus«, er ist nicht mehr der »Buddy-Jesus«, sondern mehr »Christus Kyrios«, der »Alles in allem«.

Mein Gebetsleben hat sich komplett verändert. Es besteht viel mehr aus Stille, aus Hören. Täglich übe ich das Herzensgebet, wo ich versuche, meinen Atem mit den Worten: »Ich in dir und du in mir« zu verbinden. Kontemplation prägt meine Frömmigkeit sehr. Das ist mein Zugang: Tagzeitgebete, Liturgien, inzwischen auch eher mystische Erfahrungen, intensive Gebetszeiten.

Auch Rhythmus ist mir wichtig geworden. Ich bin ein energievoller Mensch. Ich kann sehr lange auf hohem Level arbeiten, aber das möchte ich gar nicht mehr. Ich will so nicht mehr leben. Deshalb baue ich mir Zeiten der Ruhe ein. Inzwischen ist es mir in Fleisch und Blut übergegangen, dass ich meinen Tag strukturiere. Ich stehe auf und habe eine Gebetszeit, mittags um zwölf klingelt mein Handy und ich habe eine kurze Gebetszeit, und abends vor dem Schlafengehen habe ich eine weitere, ganz kurze Gebetszeit.

Ich überprüfe immer wieder, was zu viel ist. Es passiert mir noch, dass ich zu viel mache oder in irgendwelche Fallen tappe. Aber ich bin sehr viel behutsamer geworden. Für mich ist wichtig, was Jesus über den Dienst sagt: »Kommt her zu mir, alle, die ihr mühselig und beladen seid; ich will euch erquicken. ... und lernt von mir ... denn mein Joch ist sanft und meine Last ist leicht« (Matthäus 11,28-30; LUT). Ich will, dass auch mein Dienst, mein Leben leicht und sanft sind. Wo es sanft und leicht ist, da bin ich auf dem richtigen Weg, und wo es schwer wird, da muss ich irgendetwas hinterfragen. Nicht dass das Leben nicht manchmal auch anstrengend ist, das ist überhaupt nicht die Frage. Doch wenn es nur noch ein schweres Joch ist und ich gebeugt gehe, zerbricht etwas. Wenn es hingegen leicht und sanft ist, wenn es mir leicht von der Hand geht oder ich bei etwas spüre, dass es ein langer, sanfter Prozess ist, dann denke ich, dass da ganz viel Jesus drinstecken könnte.

Ich habe auch viel über meine Gefühle nachgedacht. Ich will ihnen nicht immer nur nachgeben, aber sie ernst nehmen, wahrnehmen und schätzen. Sie nicht wegdrücken, aber ihnen auch nicht die oberste Priorität geben. Ich sage mit Dallas Willard: Gefühle sind gute Diener, aber schlechte Herren. Ich habe außerdem meine Einstellung zu meinem Körper vollständig verändert. Der musste einfach immer funktionieren, nun habe ich eher folgendes Bild: Ich bin mein Körper, und wenn es meinem Körper gut geht, dann geht's mir gut, dann geht's allem in mir gut. Ich möchte außerdem gnädig mit mir sein, genau wie mit anderen. Das ist ein Wachstumsprozess. Ich bin auf dem Weg.

WIE KANN MAN LOSLASSEN LERNEN?

Interview mit der Therapeutin Friedegard Warkentin

Es ist ein verregneter, grauer Tag im Ulrichsviertel. Das »Eser 21« liegt unweit der mittelalterlichen Stadtmauer Augsburgs im Gässchen »Am Eser«. Das denkmalgeschützte Haus wurde in den 90er-Jahren vom Diakonieverein Eserwall saniert und seit 1997 leben dort junge Menschen in Krisensituationen. Das Eser 21 bietet seinen Bewohnern therapeutische Wohn- und Lebensgemeinschaften, Nachsorge für Ehemalige und ambulante Seelsorge und Beratung. »Eser« bedeutet im Hebräischen »Hilfe«. Aus einem ehemals verfallenen Haus gehen heute Menschen gestärkt hervor. Mittlerweile gehören mehrere Häuser der Straße zum Projekt.

Friedegard Warkentin ist die Gründerin und Leiterin der Einrichtung. Sie arbeitet als Systemische und Traumatherapeutin sowie als Supervisorin. Außerdem ist sie als Referentin bei Seminaren, Schulungen und Vorträgen tätig. Sie selbst ist dem Tod schon mehrmals von der Schippe gesprungen. Im Alter von 34 Jahren und als Mutter von zwei kleinen Kindern kämpfte sie ein Vierteljahr täglich um ihr Leben.

Ihre Leidenschaft ist es bis heute, seelisch verwundete junge Erwachsene ein Stück ihres Lebens zu begleiten und ihnen neue Perspektiven für die Zukunft aufzuzeigen. Wir treffen uns im Nachbarhaus, Am Eser 19. Es stehen Wasser und Kaffee bereit, und eine große Schachtel mit Taschentüchern.

Frau Warkentin, Sie begleiten seit über zwanzig Jahren junge Menschen in Lebenskrisen. Was sind das für Krisen, denen Sie in den letzten Jahren begegnet sind?

Häufig begegnen mir junge Leute mit Identitätskrisen und Ablösungskrisen aus der Ursprungsfamilie. Wie begreife ich die Welt? Wie will ich mich selbst sehen? Wie kann ich die Geschichten meines bisherigen Lebens einordnen? Wo bin ich in co-abhängige Muster verstrickt? Bin ich nur auf der Welt, um meine Eltern glücklich zu machen? Mit diesen Fragen müssen sich viele junge Menschen auseinandersetzen. Und dann gibt es tiefere Verletzungen, die manchmal Jahre später existenzielle Krisen auslösen. Häufig geht es da um früh erlebten emotionalen Missbrauch, manchmal auch gepaart mit sexuellem Missbrauch. Viele zeigen dissoziatives Verhalten: Das heißt, die Seele spaltet etwas ab, was sie nicht verkraften und bewältigen kann. Es ist eine gütige Fügung unserer Seele, dass es solche Abwehrmechanismen gibt. Diese abgespaltenen Dinge können aber im Unbewussten wirken und das Leben schwer oder fast unmöglich machen.

Was bedeutet das?

Es gibt Trigger, also Auslöser von außen, durch die abgespaltene Erinnerungen, Bilder oder Gefühle wieder hochkommen, wie ein Flashback. Man versucht dann, es schnell wieder wegzudrücken, damit man weiterleben kann.

Aber die Hilfesuchenden spüren, besonders wenn sie Therapie machen, dass die Dinge nach oben drängen. Ich habe mich darauf spezialisiert, solche Prozesse zu begleiten. Je mehr ich mit Menschen arbeite, umso größer ist mein Respekt vor denen, die sich auf den Weg machen, um in ihrer Zerbrochenheit ein Standing zu finden.

Haben Sie den Eindruck, dass sich in letzter Zeit mehr Menschen auf diesen Weg begeben? Oder eher, dass sich die Umstände häufen?

Das ist eine schwierige Frage. Wir sind ein Volk, das zwei Kriege hinter sich hat, es liegt also eine Ursprungstraumatisierung vor. Früher war es aber nicht üblich, da hinzusehen oder eine Therapie zu machen – unsere Eltern und Großeltern waren mit Überleben beschäftigt. Leute, die Erinnerungen an unsagbare Dinge erzählt haben, wurden nicht selten für verrückt erklärt. Sie wurden meist in der Psychiatrie ruhiggestellt, nach dem Motto: Was nicht sein darf, kann auch nicht sein.

Das Problembewusstsein für Traumata hat sich in den letzten zwanzig Jahren stark verändert. Es ist nicht mehr so schambesetzt. In Amerika hat heute fast jeder seinen persönlichen Coach. So weit sind wir hier aber noch nicht.

Was ist Ihr Ziel für die Menschen, die hierherkommen? Die meisten bleiben ja für eine gewisse Zeit. Wann würden Sie sagen, ist es gut?

Gut im vollständigen Sinn wird es nicht. Wir behalten Narben. Der Weg, den wir begleiten wollen, ist der Weg der Versöhnung: Menschen, die sehr früh sehr verletzt wurden, haben eine Wunde im Selbstwert und im Selbstbild. Sie denken, sie sind selbst schuld oder nicht so viel wert wie andere. Um den Selbstwert wieder aufbauen und von der Basis aus Wege der Versöhnung gehen zu können, muss aber dazwischengeschaltet sein, dass die Wahrheit frei macht: dass Wut, Zorn und Rachegefühle erst mal sein dürfen. Dass diese hochkommen dürfen und man sich kritisch damit auseinandersetzt, was wirklich passiert ist, gehört zum Weg der Heilung.

Es ist wichtig, die Schuld nicht bei sich selbst zu suchen, wenn man als kleines Kind Schlimmes erlebt hat. Schuld auszusprechen, eine Anklage zu formulieren –

und dann aber auch loszulassen. Das gelingt leichter, wenn auch der Täter Verantwortung übernimmt. Wenn beispielsweise Eltern ihre Kinder um Vergebung bitten, dann ist Versöhnung möglich. Wenn sie es nicht tun – was meistens der Fall ist –, dann ist es wichtig, sich damit zu versöhnen, dass es passiert ist. Dann ist nicht die Wiederherstellung der Beziehung das Ziel, sondern ein versöhnter Umgang mit sich selbst und mit dem, was man erlebt hat. Nicht nachtragen und die Last weiterschleppen zu müssen. Und wenn es geht, sich auch mit Gott zu versöhnen.

Was ist aus Ihrer Erfahrung das Schwierigste an diesem Prozess: dem anderen, Gott oder sich selbst zu vergeben?

Das Schwierigste am Prozess ist oft die Selbstannahme. Wenn ich mich selbst nicht annehme, glaube ich auch Gott nicht, dass er mich annimmt. Viele gehen davon aus: Wenn Gott mich annimmt, nehme ich mich auch selbst an. Ich merke aber, dass das nicht stimmt. Es klingt zwar in der Theorie gut, aber wenn wir nicht anfangen, uns in der Unvollkommenheit zu lieben und Freundschaft mit uns selbst zu leben, können wir auch andere und Gott nicht lieben. Es bleibt dann ein angestrengtes Vorhaben, nett sein zu wollen. Aber das ist nicht echte, nahe Beziehung.

Ich möchte gern kurz auf das eingehen, was Sie vorher erwähnt haben: die Erfahrung, dass derjenige, der mich verletzt hat, mich nicht um Vergebung bittet. Wie kann ich trotzdem aufrecht und positiv durchs Leben gehen?

Das geht, indem ich mir bewusst mache: Ich in meiner Person habe nicht verdient, dass das passiert. Der andere hat nicht wahrgenommen, wie kostbar ich bin. Er war blind für mich und blind für sich. Ich darf mir selbst sagen: Dass das passiert ist, liegt nicht daran, dass ich negativ bin, es verdient hätte oder weniger wert bin. Wenn ich meinen Selbstwert davon abhängig mache, ob der andere mich würdigt, bleibe ich Opfer. Dann wird der andere zum Wohltäter, aber das ist auch ein Tätertum. Ein Gegenüber kann ich nur sein, wenn ich mich davon unabhängig mache und dem anderen auch zugestehe, dass er fehlerhaft ist. Dass er oder sie vielleicht selbst auch in einem Opfer-Täter-Muster lebt. Wir geben ja ganz oft in einer anderen Verkleidung weiter, was wir selbst erlebt haben.

Wie kommt man Ihrer Erfahrung nach zu einem Durchbruch? Ist das ein einzelner Aha-Moment oder eher etwas, das als Prozess vielleicht Jahre dauert?

Es wäre super, wenn es diesen Knopf gäbe! Ich habe aber die Erfahrung gemacht, dass Worte oft nicht helfen. Man muss es erleben. Und deswegen haben wir diese heilende therapeutische Gemeinschaft aufgebaut. Ich verstehe es so, dass unsere inneren Muster in einem System entstehen. Meiner Ansicht nach brauchen wir ein neues System. Und zwar keines, in dem alles perfekt ist oder wird, sondern in dem man auch unvollkommen sein darf und in dem ehrlich damit umgegangen wird. Eines, in dem man trotz Krisen in der Beziehung bleibt, selbst wenn man sich unmöglich verhält. Das ist eine Nachreifungssituation.

Man muss leibhaftig erleben, was es heißt, angenommen zu sein. Jesus nahm die Sünder an und aß mit ihnen. Deswegen fühlten sich die zerbrochenen Menschen bei ihm auch so wohl, weil er Tischgemeinschaft mit ihnen hatte und sie in ihrer Kostbarkeit sah. Wenn wir das selbst erlebt haben, können wir es weitergeben. Wenn nicht, spielen wir, dass wir es weitergeben. Das trägt aber nicht durch.

Ist es wichtig und nötig, dass das, was wir heruntergedrückt haben, hochkommt? Oder könnte man auch so prima durchs Leben kommen?

Beides. Ich glaube, dass es ein Geschenk ist, durchgerüttelt zu werden. Krisen ermöglichen immer Wachstumsschübe. Es ist wie bei Grashalmen: Hat ein Halm viele Wachstumsknoten, ist er flexibel und biegsam, wenn Wind und Stress kommen. So ist das auch bei uns: Es gibt Leute, die nie in die Tiefe schauen, weil sie nicht durchgerüttelt werden und vielleicht ein ganz gutes, glückliches Leben führen. Wer bin ich, darüber zu urteilen? Solche Menschen kommen aber auch nicht zu mir, ich bekomme sie nicht mit. Zu mir kommen die mit Krisen, die sich Fragen stellen wie: Wer bin ich? Wie ist Gott? Warum passiert mir das? Wir begeben uns gemeinsam ganz vorsichtig in einen Prozess und sehen uns ihre Basis an. Viele sagen zunächst, dass bei ihnen in der Kindheit alles gut war. Wenn wir uns weiter darüber unterhalten, kommen Träume und Erinnerungen hoch und der Deckel über der Vergangenheit wird immer dünner. Dann merkt man erst, wie viele Überlebensmuster da sind.

Was verstehen Sie darunter – Überleben im Vergleich zu Leben?

Ich glaube, dass der Schöpfer uns als Gegenüber erschaffen hat. Da ist Leben und Energie pur. Es gibt ein Leben, das nicht aus dem angestrengten Sein kommt. In Johannes 4,14 sagt Jesus zur Frau am Jakobsbrunnen: »Wer aber von dem Wasser trinkt, das ich ihm geben werde, der wird niemals mehr Durst haben. Das Wasser, das ich ihm gebe, wird in ihm zu einer nie versiegenden Quelle, die unaufhörlich bis ins ewige Leben fließt«. Für mich ist das eine Schlüsselsituation. An anderer Stelle, in Johannes 7,38 sagt Jesus: »Wer an mich glaubt, wie die Schrift gesagt hat, aus seinem Leibe werden Ströme lebendigen Wassers fließen« (ELB).

Mich hat als junge Erwachsene fasziniert, dass Jesus sagt, dass diese Ströme aus dem Leib kommen, nicht aus Kopf und Herz. Ich war eher rebellisch, mich hat vor allem gereizt, was ich nicht tun sollte. Das musste ich immer wegdrücken. Ich kannte viele Christen, bei denen ich spürte, dass sie von sich selbst abgespalten waren und sich ohne Ende bemühten. Das fand ich unattraktiv. Von Gott habe ich mir gewünscht, dass ich dieses Erfüllt-Sein erlebe. Und das hat er auf eine ganz spannende Weise geschafft.

Wie ist das passiert?

An einem Tiefpunkt, nach viel Krankheit und Todesnähe in meinem Leben, hatte ich das Gefühl, als ob Gott ganz klein vor mir kniet und sagt: »Es tut mir so weh, was alles passiert ist. Ich würde dich so gern trösten, aber das geht nicht, weil du mir nicht vertraust.« Diese unfassbare Liebe berührte mich, weil ich einen so demütigen Gott erlebte. Einen Gott, der am Schmerz seiner Kinder leidet. Und der mich um mein Vertrauen bittet.

Ich verstand, dass es Gott überhaupt nicht darum geht, dass wir gut sind. Sondern darum, dass wir vertrauen und in Beziehung mit ihm sind. Danach habe ich die Bibel ganz neu gelesen, von der ersten bis zur letzten Seite.

Ich dachte: »Gott, ich will jemand sein, der radikal auf dich vertraut, ohne dich zu verstehen. Ich vertraue dir, dass du durch und durch gut und Licht bist.« Das hat in mir eine neue Welt geschaffen. Da sind Licht und Liebe hineingekommen. Da ist diese Quelle entstanden, und das war unglaublich.

Etwas später wurde ich gefragt, ob ich Junge-Erwachsenen-Arbeit machen wolle. Über kurz oder lang kam bei jedem Treffen jemand zum Glauben. Wir erlebten Unglaubliches. Wir nahmen Drogenabhängige bei uns auf, die frei wurden. Daraus entstand diese Arbeit. Wir machten uns dann auf die Suche nach einem Haus, ich absolvierte eine Systemische und eine Trauma-Ausbildung. Wir starteten diese Arbeit ohne Geld. Heute ist es ein 2,5-Millionen-Euro-Projekt, das mit den Jahren mit vielen Angestellten und Häusern im Vertrauen auf Gott immer weitergewachsen ist. Ich habe mit Gott einen Deal, dass ich mich nicht um Geld kümmere und nicht um Personal, sondern nur um die Leute in Not. Und das ist bis heute so. In diesen 22 Jahren hat im Eser noch niemand Suizid begangen. Was bei den Menschen, die wir begleiten, ein Wunder und Gnade ist.

Wie kommt man zu dieser Quelle, aus der man lebt, obwohl das Leben hart sein kann?

Nur durch Vertrauen. Es gibt eine Sünde, aus der alle Sünden kommen: Misstrauen. Es ist dieses: »Sollte Gott gesagt haben …?« Zu glauben, dass Gott einem das Leben nicht gönnt. Die meisten Christen vertrauen darauf, dass Gott ihnen die Sünden vergibt oder sie in den Himmel bringt. Aber die wenigsten vertrauen ihm in Bezug auf ihr Glück.

Ich hatte einmal den Eindruck, dass Gott zu mir sagte: »Schenk mir dein Glück!« Und ich dachte: »Nein, Gott, mein Glück doch nicht!« Es hat sich angefühlt, als wäre mein Glück eine Seifenblase, die ich gar nicht in seine Hand legen kann. Aber Gott blieb dabei: »Vertrau mir in Bezug auf dein Glück.« Ich gab es ihm dann zitternd und heulend. Ich ließ los. Und das war gut.

Was heißt das denn konkret, Gott sein Glück zu geben? Heißt das, seine Träume aufzugeben?

Ich schenke ihm meine Träume. Bis ich 35 war, betete ich nie »Dein Wille geschehe«, sondern ließ diesen Teil immer heimlich aus. Ich hatte Panik, dass etwas geschehen würde, was ich nicht wollte. Oder dass das Leben als Christ langweilig sein könnte und ich dazu noch die Einwilligung gegeben hatte. Irgendwann dachte ich: »Wenn Gott es schafft, dass ich sage: ›Dein Wille geschehe!‹, dann hat er echt was geschafft.« Es ist kindlich, so etwas zu denken und zu sagen, aber es hat Bedeutung. Ich bin mit diesem Gott im Vertrauen gegangen – nicht wissend, was kommt. Es ist nicht leicht, aber es ist tief, es ist reich, es ist eine Herausforderung. Es ist ein Nichtwissen und Vertrauen und Erleben und Zurückschauen und Dankesagen.

Wenn sich jemand ganz stark einen Partner wünscht, aber keinen findet. Oder sich ein Kind wünscht, aber es klappt nachhaltig nicht. Sollte man diesen Wunsch dann aufgeben?

Wünsche wie diese schenke ich Gott im Vertrauen. Manchmal haben wir doch etwas Angst in uns, dass Gott uns nicht gibt, was wir brauchen. Dieser Angst in mir versuche ich zu begegnen. Ich versuche zu vertrauen, dass Gott weiß, was er tut und was wir an Herausforderungen brauchen, um in der Ewigkeit die Persönlichkeit zu sein, die mit ihm zusammen regiert.

Für mich ist das Leben auf dieser Erde ein Durchgangsstadium, wie die Gebärmutter für die Ewigkeit: neun Monate im Mutterleib, 90 Jahre hier. Es gibt immer Probleme. Ich kann sie aber nur im Vertrauen lösen durch den, der mich liebt. In Römer 8,32 heißt es: »Gott hat nicht einmal seinen eigenen Sohn verschont, sondern hat ihn für uns alle gegeben. Und wenn Gott uns Christus gab, wird er uns mit ihm dann nicht auch alles andere schenken?« Was heißt denn »alles andere«? Mann, Kinder, Geld, Beförderung, Ehre, Macht? Wenn sich das Leben reduziert auf den Wunsch, Gott nah zu sein, dann ist es nicht so wichtig, was passiert. Dann kommt Ruhe und Frieden herein.

Was finden Sie denn wichtig in der Krise? Sollte man eher festhalten oder loslassen?

Beides. Das ist das Kunststück in der Krise: festhalten an dem, was Gott verspricht, und loslassen, was ich mir wünsche.

Es gibt ja auch die Sichtweise, das Positive an Krisen zu sehen. Man lernt daraus, wenn man richtig auf die Schnauze gefallen ist. Sehen Sie das auch so?

Das ist vielleicht ein bisschen zu platt. Ich denke, es ist krank, sich Krisen zu wünschen. Die Krisen kommen von allein. Die Frage ist dann, wie ich mit Krisen umgehe. Wenn ich mich mit Händen und Füßen dagegen wehre, verpasse ich sie. Wenn ich mich opfermäßig hineinbegebe, verpasse ich sie auch. Ich kann die Krise nur gut bewältigen, wenn ich in Kontakt mit ihr gehe.

Was heißt das?

Dass ich die Krise befrage, warum sie da ist. Was sie mir sagen will. Was mein Lernschritt ist. Was ich leisten und tun soll. Das heißt nicht, dass die Krise dann weg ist. Aber dann kann die Krise zu einem Reifungsmanöver werden.

Wie bekomme ich die Antworten für mich heraus?

Ich glaube, man braucht einen Gesprächspartner. »Das Ich wächst am Du« – dieser alte Satz von Martin Buber stimmt einfach. Wir brauchen die Auseinandersetzung mit der Krise. Wir sind Gemeinschaftswesen und brauchen jemanden, der ein Gegenüber ist. Und da müssen wir gut auswählen. Wenn es jemand ist, der selbst gefrustet ist und mit uns das Lied des Selbstmitleids singt, haben wir zwar den Augenblick durch tröstende Worte gerettet, aber die Krise nicht gemeistert. Manchmal manifestiert es die Krise erst noch, sodass daraus eine chronifizierte Krise wird, die das ganze Leben über bleibt. Selbstmitleid ist das unnützeste Gefühl, das es gibt.

Ich gebe zu, es tut manchmal gut, zu jammern und von jemandem getröstet zu werden. Aber letztlich ist es nur etwas Entlastung, es verändert nichts. Falscher Trost ist alles, was kurzfristig guttut, aber nichts verändert. Echter Trost ist die Ahnung der Möglichkeit, dass sich eine Situation verändern könnte. Dann hat sie nicht mehr die quälende Macht über uns.

Das heißt, mein Gegenüber sollte mir idealerweise auch Wachstumsschritte aufzeigen können, oder sollte ich die selbst erkennen?
Man sollte sie selbst erkennen. Ein gutes Gegenüber hilft nur dabei. Sonst ist man ja wieder Opfer.

Wenn man eine enttäuschte Hoffnung hat oder zutiefst enttäuscht wurde – wie kommt man dazu, wieder zu hoffen, zu glauben und zu vertrauen?
Erst einmal muss man feststellen, dass man sich getäuscht hat. Eine »Ent-Täuschung« heißt, ich habe jetzt eine Realität: Ich hatte mir eingebildet, wie etwas zu sein hat, und das ist jetzt zerbrochen und zerschlagen. Wie gehe ich jetzt mit dieser Realität um?

Manchmal haben wir das Gefühl – und das wird uns ja auch hier und da vermittelt –, dass wir mit Jesus Sieger sind. Gott wird uns zum Haupt machen und nicht zum Schwanz. Wie passt denn das zusammen, wenn man das Gefühl hat, ganz in der Tiefe zu sein? Sollte ich da als Christ überhaupt sein?
Das ist nicht die Frage. Es ist eine Tatsache. Wir werden in unvollkommene Verhältnisse hineingeboren. Wir bekommen schon im Mutterleib nicht das, was wir brauchen, nämlich perfekte Liebe und Sicherheit. Wir suchen aber intuitiv danach. Das heißt, wir kommen schon frustriert auf die Welt und verbiegen uns, um zu bekommen, was wir brauchen. Wir wollen, dass die Mutter lächelt: »Gut hast du das gemacht! Schön warst du auf dem Töpfchen. Nein, ich gehe nicht weg, ich bin im Wohnzimmer, du musst nicht weinen. Du bist nicht allein.«

Bei den meisten Menschen geht es auch später im Leben viel um die Frage: Was muss ich tun, damit ich geliebt werde? Wie viel Geld muss ich verdienen, damit ich sicher bin? Aber das ist nicht das Leben, sondern das sind Überlebensmuster. Das Leben ist eigentlich: Gott wohnt unten. Wir laden Jesus ins Leben ein und Jesus will mit uns runtergehen zu unserem Grundschmerz, nicht völlig geliebt zu sein.

Er sagt zu uns: »Du warst schon immer bei mir. Ich habe alles bezahlt, dein ganzes Überlebensstreben. Und jetzt mach nichts mehr ohne mich. Bleib in mir und ich in dir und ich bereite alles vor, was du machen sollst.«

In Epheser 2,10 steht: »Denn wir sind Gottes Schöpfung. Er hat uns in Christus Jesus neu geschaffen, damit wir die guten Taten ausführen, die er für unser Leben vorbereitet hat.« Ich finde, es entlastet total, dass Gott für uns geniale Dinge vorbereitet hat, die haargenau zu uns passen, in denen wir leben sollen. Er weiß, was wir an Beziehungen brauchen. Es gibt so viele kleine Dinge, an denen wir die Zärtlichkeit Gottes spüren. Das tröstet, auch wenn alles wankt.

Sie selbst sind ja wirklich in Ihre Bestimmung hineingekommen.

Ja, ich habe den Platz in Gottes Herz eingenommen, den er für mich vorbereitet hat und der für jeden Menschen da ist. Gott wartet auf uns. Er hat uns vor Grundlegung der Welt gekannt. Es ist atemberaubend, wenn man sich das einmal überlegt! Das ist eine Größe, die ich nicht in meinen Kopf bekomme. Da gibt es einen Platz in Gottes Herz, wo nur mein Name steht. Den einzunehmen, geht aber nur im radikalen Vertrauen.

Heißt das im Umkehrschluss, dass ich nicht genug vertraue, wenn ich mich in meinem Leben abmühe und mich nicht am richtigen Platz fühle?

Ich glaube, dass wir alle einen langen Weg dahin haben. Ich kann nicht einmal sagen, ob mein Vertrauen von heute auch morgen noch da sein wird. Wenn ich jemandem misstraue, dann mir selbst. Auf mich ist kein Verlass, nur auf ihn. Ich glaube, dass er jeden von uns liebevoll zu diesem Vertrauen führen wird.

Jesus hatte den Jünger Thomas im Gepäck, der die Dinge immer sehen und greifen wollte. Er ging auf ihn ein. Und Gott ist auch auf mein Bedürfnis eingegangen, aber es war ein harter Weg. Im Hebräerbrief steht, dass es eine Belohnung für Vertrauen gibt. Was ist das für ein Vertrauen? Es ist nicht ein Fürwahrhalten. Es ist etwas Existenzielles. Es ist ein Auf-dem-Wasser-Laufen. Ohne das geht es nicht. Das ist etwas zwischen Gott und uns, das wir nicht machen können, eine einzigartige Geschichte bei jedem Menschen.

Das gilt auch bei denen, die Gott schon vertrauen, aber trotzdem manchmal denken: »Geht's noch?!« Und das ist okay. Es ist auch Vertrauen, es Gott zu sagen. Wir dürfen es ihm hinwerfen, ihm hinknallen. Gott mutet Menschen zu, dass sie es an manchen Stellen nicht so haben, wie sie es gern hätten.

Wie würden Sie Lebensglück definieren? Was bedeutet für Sie gesegnetes Leben?

Erfüllt zu sein. Ich weiß, dass Gott da ist. Das ist mein Glück. Und ich wünsche mir, mithelfen zu können, dass erfüllte Leiter Menschen helfen, erfüllt zu sein. Dann sind wir glaubwürdig und spürbar.

Es gibt bei uns so viele Menschen, die tief drin todunglücklich sind und ihre Geschichte nicht aufgearbeitet haben. Sie wissen, sie verkündigen die Wahrheit, aber sie selbst leiden. Das tut mir weh. Nichtchristliche Therapeuten sagen immer wieder, dass Christen die unehrlichsten Klienten sind, weil sie leugnen müssen, wie es in ihnen aussieht, zur größeren Ehre Gottes. An der Stelle habe ich richtig Schmerz.

Oft denkt man ja: »Ich glaube. So schlecht kann es mir nicht gehen.« Wie kommt man dahin, dass das mehr ist als ein Lippenbekenntnis? Anzuerkennen: Da habe ich einen Mangel, obwohl ich den eigentlich nicht haben dürfte, weil Jesus ja in mir lebt.

Das sehe ich anders. Auch im Schmerz wohnt Gott. Und ein Mensch, der nie einen Schmerz hat, hat keine Brücke zu Leidenden mehr. Jesus ist der Mann aller Schmerzen. »In ihm leben, weben und sind wir«, steht in Apostelgeschichte 17,28 (LUT). Wenn wir in ihm sind und in ihm leben, heißt das, dass wir auf eine geheimnisvolle

Weise organisch mit Christus verbunden sind. Alles, was wir erleben, erlebt Christus also auch. Da hat sich mir erschlossen, was in Jesaja 53,5 steht: »Durch seine Wunden wurden wir geheilt.« Wenn wir unsere Wunden in seine legen, passiert ein Prozess der Begegnung. Die Verwundbarkeit, die wir erleben, hat Jesus auf der Erde auch erlebt.

Es ist etwas Triumphierendes, in den Wunden und Schmerzen Gott dennoch zu preisen und ihn unter Tränen anzubeten. Zu sagen: »Ich verstehe zwar nicht, warum du mir das gerade zumutest, aber ich nehme es an.« Jesus sagt in Johannes 15,20: »Da sie mich verfolgt haben, werden sie auch euch verfolgen.« Wir haben also Anteil an diesen Schmerzen. Und in Philipper 3,10-11 heißt es: »Mein Wunsch ist es, Christus zu erkennen und die mächtige Kraft, die ihn von den Toten auferweckte, am eigenen Leib zu erfahren. Ich möchte lernen, was es heißt, mit ihm zu leiden, indem ich an seinem Tod teilhabe, damit auch ich eines Tages von den Toten auferweckt werde!«

Das ist für mich ein Schlüsselvers fürs ganze Evangelium: Ich glaube, dass wir noch gar nicht richtig erfasst haben, was es bedeutet, dass wir mit Christus auferstanden und mit ihm in den himmlischen Ort versetzt sind. Etwas davon leuchtet auf in Psalm 73, wo Asaf sich zunächst darüber beklagt, wie gut es den Gottlosen geht – bis er ins Heiligtum geht. Ich stelle mir dabei immer vor, wie Gott Asaf dort in den Arm nimmt. Asaf erkennt dann: »Bin ich auch krank und völlig geschwächt, bleibt Gott der Trost meines Herzens, er gehört mir für immer und ewig. Doch mir geht es gut, weil ich mich nahe an Gott halte! Ich setze meine Zuversicht auf den allmächtigen Herrn. Von seinen wunderbaren Werken will ich allen erzählen.«

Ich glaube, dass das ein Beziehungsprozess in schmerzhaften Situationen ist. Dass wir ins Heiligtum gehen und den Namen Gottes spüren müssen. Erfüllt-Sein ist kein oberflächliches Happy-Sein. Vielmehr ist es eine Entscheidung, dass Gott mein

Dreh- und Angelpunkt ist: Ich bin hier positioniert in der Welt, damit Gott durch mich in die Welt kommen kann. Um mehr geht es nicht. Ob ich dabei verheiratet bin oder nicht, ob ich Geld verdiene oder nicht – es ist alles nachgeordnet. Das sind Prozesse, bei denen Gott jeden anders führt.

»ICH MUSSTE DIE EINSAMKEIT AUSHALTEN.«

Auf der Suche nach Heimat

In den vergangenen Jahren hat Fenja Ott in europäischen Großstädten und kleinen Dörfern gelebt. Sie wohnte in drei verschiedenen Ländern, in einer WG, in Wohnungen, im Hotel, bald zieht sie in ein Haus mit Garten. Als Kind, als Studentin, als Berufstätige und später mit Familie hat sie immer wieder neu angefangen. Und immer wieder vieles zurückgelassen.

Wer Fenja kennenlernt, erlebt eine offene, sportliche und total zuverlässige Frau. Sie ist freundlich und unkompliziert, und interessiert sich für alles Mögliche: für Pferde und das Bildungssystem, klassische Konzerte und Politik, den Rekord im Treppenlaufen und den Kinderwunsch des Gegenübers. Man hat sofort Lust auf einen Kaffeeplausch mit ihr.

Die beiden Töchter der 36-Jährigen gehen in den Kindergarten, gerade hat sie die jüngere der beiden dort eingewöhnt. Lange wird die Ruhe am Morgen nicht andauern – Fenja ist schwanger mit ihrem dritten Baby, außerdem zieht die Familie bald wieder um. Freie Zeit ist also kostbar, sie legt gleich los mit dem Erzählen.

Meine Eltern sprachen immer davon, dass wir Topfpflanzen sind. Uns kann man leicht woanders hin verpflanzen. Wir sind keine Bäume, brauchen nicht so tiefe

Wurzeln, haben keine Heimat. So eine Topfpflanze kann man mitnehmen, auf die Fensterbank stellen, sie kann sich flexibel auf eine neue Umgebung einstellen, kann sich fast überall wohlfühlen. Ich bin eine Topfpflanze: Mit diesem Bild bin ich groß geworden. Und war damit eigentlich zufrieden.

Meine Eltern waren Missionare und wir zogen quer durch Deutschland. Am Ende landete meine Familie in einem kleinen Dorf in Süddeutschland. Ich fühlte mich dort aber nie so richtig zugehörig und zu Hause. Wir sprachen den Dialekt nicht, und mit der Kultur waren wir auch nicht vertraut. Für mich war klar, dass ich nach der Schule wegwollte. Ich bin erst nach Bayern, habe in Augsburg studiert, geheiratet. Mit meinem Mann zog ich in den vergangenen Jahren dann viel um.

Wir waren fünf Jahre in München, dann zwei Jahre in Bukarest in Rumänien. Von dort zogen wir in die Schweiz und waren drei Jahre in der Nähe von Zürich. Nun sind wir seit eineinhalb Jahren in Freiburg. Bald ziehen wir wieder um, allerdings nur zehn Kilometer weiter, sodass wir dieses Mal die Beziehungen, die wir langsam aufgebaut haben, auch halbwegs halten können. Das alltägliche Umfeld wird sich zwar ändern, aber es wird kein kompletter Neuanfang; ein paar Kontakte und die Kirche werden bleiben.

Früher sah ich manchmal verständnislos auf Menschen, die so verwurzelt waren, dass sie nie aus ihrem Dorf rausgekommen waren. Heute merke ich: Ich will endlich ankommen. Ich will Wurzeln schlagen. Ich will nicht mehr ständig umziehen und neue Menschen und Orte suchen. Ich möchte mal wo sein, wo ich weiß: In zehn Jahren kann ich auf Beziehungen zurückgreifen, die ich immer noch habe. In mir ist ein starker Wunsch nach Heimat gewachsen, nach Ankommen und Wurzeln schlagen. Danach, ein Zuhause zu haben.

Ich fühle mich oft heimatlos. Schon immer fand ich die Frage »Wo kommst du her?« schwierig. Ich merke dann, dass ich gar nicht weiß, was ich sagen soll. Als Kind hatte ich keine Heimat, und als Erwachsene habe ich mir auch noch keine aufgebaut. Aber eigentlich hätte ich gern eine.

Gerade fühle ich mich total überfordert von dem neuen Umzug, weil so viel auf einmal zusammenkommt: Ich bin hochschwanger und habe wenig Energie. Bald kommt die Geburt. Dann ziehen wir um und mein Mann Christian fängt einen neuen Job an. Das ist ein riesiger Kraftakt für mich. Der Zeitpunkt ist nicht ideal. Aber man muss die Gelegenheiten nutzen, die sich einem bieten, wenn man ein Haus kaufen will.

Für unsere vielen Umzüge gab es verschiedene Gründe: Christians Karriere, der Wunsch nach Auslandserfahrung, die Nähe zur Familie. Christian hatte vor einigen Jahren die Möglichkeit, durch seine Firma eine für zwei Jahre befristete Entsendung ins Ausland zu bekommen. Es gab verschiedene Optionen, und am Ende fiel die Wahl auf Rumänien, weil sein Arbeitgeber dort einen neuen Verwaltungsstandort eröffnete. Christian sollte ihn aufbauen und leiten. Es war für ihn ein guter Karriereschritt.

Der Umzug in die Schweiz hatte berufliche und familiäre Gründe: Meine Eltern leben derzeit dort und wir wollten gerne näher bei der Familie sein, als unser erstes Kind da war. Auch beim Umzug nach Freiburg spielte die Familie eine Rolle. Ich habe eine Schwester, die hier lebt und die Kinder im ähnlichen Alter hat. Wenn man wenig enge Freunde hat, weil man so oft umgezogen ist, ist man mehr auf die Familie angewiesen. Gleichzeitig hatten Christian und ich den starken Wunsch, wieder in Deutschland zu leben. Meine Eltern planen, in einigen Jahren wieder in die Freiburger Region zurückzuziehen. Dann möchte ich für sie da sein können. Ich will räumlich in der Nähe sein, wenn sie Hilfe brauchen oder nur noch einer von beiden lebt. Ich würde ihnen gerne etwas zurückgeben.

Eigentlich fand ich jeden Umzug am Anfang schwierig. Der nach Rumänien war wahrscheinlich am schwierigsten, auch wegen der sprachlichen und kulturellen Unterschiede. Es war herausfordernd, ohne Sprachkenntnisse herauszufinden, wie dort alles funktioniert. Hinzu kam, dass ich mit unserer ältesten Tochter schwanger war. Bei unserer Ankunft wohnten wir sechs Wochen lang im Hotel, weil es mit der Wohnungssuche von München aus nicht geklappt hatte. Diese sechs Wochen waren sehr zäh. Mein Mann arbeitete, ich nicht. Ich kannte niemanden und wusste nicht, was ich den ganzen Tag über machen sollte. Als Lehrerin wollte ich mir ursprünglich vor Ort eine Stelle suchen. Aber als ich schwanger war, wusste ich, dass es keinen Sinn machte, für ein paar Monate an die Deutsche Schule zu gehen. Ich konzentrierte mich dann darauf, die Sprache zu lernen und herauszufinden, wie das Gesundheitssystem funktioniert. Ein bisschen engagierte ich mich ehrenamtlich, aber viel war nicht möglich, weil ich die Sprache nicht konnte.

Ich fragte mich immer wieder: Wieso tun wir uns das an? Ich erlebte viel Einsamkeit. Aber ich lernte auch, sie eine Zeit lang auszuhalten. Da ich nicht arbeitete, hatte ich auch keine Beziehungen über den Job. So fing ich an, mit Gott spazieren zu gehen. Das hilft mir: rausgehen, in der Natur sein, mit Gott reden und manchmal auch den Tränen freien Lauf lassen – im Wald, wo es keiner mitbekommt. Oft veränderte Gott meine Perspektive: Ich fing an, für die Orte und die Leute, die dort wohnten, zu beten.

Diese Spaziergänge taten mir gut. Aber häufig musste ich die Einsamkeit einfach aushalten. Um den Tag herumzubekommen, verlangsamte ich mein Leben. Ich versuchte, nicht mehr alles parallel zu machen, sondern nacheinander. Zum Beispiel putzte ich nicht mehr Zähne und las gleichzeitig Zeitung oder schrieb währenddessen Nachrichten auf dem Handy. Sondern machte eines nach dem anderen. Ich packte nicht mehr so viel in einen Tag.

Ich suchte mir auch neue Hobbys. Zum Beispiel fing ich an zu nähen. Es klappte zwar überhaupt nicht, aber ich probierte es zumindest. Ich kaufte mir ein Klavier und fing an zu üben. Hier in Freiburg machte ich anfangs viel Sport. Oder hörte mir Podcasts an. Ich versuchte also immer wieder, mir eine Beschäftigung zu suchen, die ich alleine machen konnte und die für mich selbst schön war, auch wenn ich allein war.

Ich merkte, dass ich nach einem Umzug zulassen und mir eingestehen darf: Es ist jetzt schwer. Es ist hart und es ist auch in Ordnung, dass es mir so geht. Das geht fast jedem so im ersten Jahr. Im Studium war es vielleicht ein bisschen leichter, weil sich alle in einer neuen Situation befanden. Aber spätestens mit dem Berufsstart war klar: Mindestens ein Jahr muss ich mir geben und muss ich aushalten, um mich halbwegs orientieren zu können. Und dann dauert es noch einmal zwei Jahre, bis ich angekommen bin und Beziehungen und ein Netzwerk aufgebaut habe, im Ausland sind es sogar eher drei Jahre, wenn noch eine fremde Kultur und Sprache dazukommen. Einsamkeit gehört auf jeden Fall dazu. Wir erlebten aber auch, dass es uns als Paar zusammenschweißte, diese Tiefen gemeinsam zu durchleben und durchzustehen.

Neben der Einsamkeit war ich auch oft frustriert, weil ich den Eindruck hatte, dass keiner auf mich zukam. Immer war ich diejenige, die aktiv auf Leute zuging. Das war anstrengend, warum war es nie andersherum? Es ist doch viel einfacher, aus einer bestehenden Gruppe auf einen Einzelnen zuzugehen als umgekehrt. Zu der Einsamkeit und der Hilflosigkeit kam also oft noch Wut oder Ärger. Doch Gott änderte meine Perspektive hin zu: Erwarte das nicht von den anderen. Mach selber. Sei du der Freund, den du gerne willst.

Gerade in der Schweiz fiel es mir sehr schwer, Kontakte aufzubauen, was vielleicht auch daran liegt, dass viele dort sehr heimatverbunden und verwurzelt sind. Sie ziehen selten aus dem Ort weg, an dem sie aufgewachsen sind. Sie haben ihr Netzwerk bereits. Wir lernten viele Menschen kennen, die wir sehr sympathisch fanden, die aber einfach keine zeitliche Kapazität hatten, sich mal mit uns zu treffen. So konnte dann leider auch nicht mehr daraus entstehen.

Eine Frau jedoch, die Kinder in einem ähnlichen Alter hatte wie wir, kam auf mich zu und fragte, ob wir uns nicht mal treffen wollen. In dem Jahr, das wir in der Schweiz noch hatten, ist daraus eine so gute Freundschaft entstanden, dass der Kontakt immer noch hält, obwohl das über die Grenze nicht so einfach ist.

Manchmal ist es auch einfach ein Aushalten. Aushalten, dass keiner auf mich zugeht. Beobachten, wer noch allein herumsteht, und diese Person dann ansprechen. Das hat viel mit Erwartungshaltung zu tun. Erwarte ich, dass die anderen mich wahrnehmen, weil ich die Neue bin? Ich glaube, dass das viele überfordert oder sie es gar nicht wahrnehmen können. Seit ich mich selbst aufmache, habe ich viel Positives erlebt.

Oft sprach ich Leute an, zum Beispiel auf dem Spielplatz. Ich ging in Krabbelgruppen, als die Kinder klein waren. Es war nicht immer einfach, auszuhalten, wenn keine Gespräche entstanden, oder fünfmal hingehen zu müssen, bis die Leute einen so langsam wahrnahmen. Und ich finde es auch wirklich anstrengend, mich immer wieder auf den gleichen Smalltalk einlassen zu müssen und herauszufinden: Wer sind diese Leute? Sind sie mir sympathisch? Das merkt man ja nicht immer auf Anhieb.

Es half uns sehr, das Ganze aktiv anzugehen. Wir suchten von Anfang an Freundschaften. Von alleine entstehen keine Beziehungen. Wir schlossen uns immer schnell einer Kirchengemeinde an, stellten uns bei den Verantwortlichen vor und luden sie zum Kennenlernen zu uns nach Hause ein. Wir versuchten, mitzuarbeiten und uns einzubringen. Das half, um schneller reinzukommen. Uns war es wichtig, zügig aktiv zu werden, Kleingruppen zu suchen – und nicht einfach in der Menge der Gottesdienstbesucher unterzugehen.

Wir luden außerdem viele Leute zu uns nach Hause ein. Wir warteten weniger darauf, dass sie uns zu sich einluden, weil wir die Neuen waren, sondern lebten aktiv Gastfreundschaft. Natürlich hofften wir, dass daraus Begegnungen entstehen. Das ging manchmal gut, manchmal war es anstrengend oder wir dachten uns: »Die treffen wir jetzt lieber nicht noch mal.« Aber in der Regel half es, um anzukommen oder Menschen kennenzulernen.

Hin und wieder lohnt es sich auch, dranzubleiben, selbst wenn zu Beginn nicht so viele Gemeinsamkeiten da zu sein scheinen. Hier in Freiburg ist über eine Krabbelgruppe der Kontakt zu einer Familie entstanden, die in unserer Nähe wohnt. Unsere beiden kleinen Mädchen haben sich gleich gut verstanden. Ich traf die Mutter dann vormittags öfter, während unsere Großen im Kindergarten waren. Es funkte nicht sofort zwischen uns, aber ich nahm mir vor, dranzubleiben, weil sie in der Nachbarschaft wohnte, auch Christin war und ich einen Kontakt für meine jüngere Tochter hatte. Mit jedem Mal merkte ich: Es wird offener, tiefer. Die Gespräche verändern sich. Und jetzt zieht diese Familie etwa zeitgleich mit uns auch in den neuen Ort um und unsere Kinder werden in den gleichen Kindergarten kommen. Echt spannend, was Gott aus so einer Begegnung macht.

Jetzt, wo wir wieder in Deutschland leben, habe ich viel eher einen Blick dafür, was es für Migranten bedeutet, hierherzukommen. Wir waren schließlich selbst mal Ausländer. Wir können nun besser nachvollziehen, wie es ist, wenn man sprachlich nicht klarkommt. Wir haben außerdem gelernt, in unbefriedigenden Situationen nicht aufzugeben, sondern den Mut zu haben, etwas zu verändern. Wir schlossen uns hier in Freiburg zum Beispiel gleich am Anfang einer Gemeinde an und merkten nach einem Jahr, dass wir nicht so richtig reinkommen, dass es nicht so recht passt. Also suchten wir uns etwas anderes, wir waren ja noch nicht so fest verwurzelt. Es hing noch nicht zu viel am sozialen Leben, um zu gehen. Es war in unserer Situation leichter, sich zu verändern.

Wir haben viele Leute an verschiedenen Orten kennengelernt. Ich bin mit der Philosophie groß geworden: Es gibt Wegbegleiter und es gibt Freunde fürs Leben. Manche Wegbegleiter bleiben vielleicht noch eine Weile, auch wenn sich die Wege schon getrennt haben. Und ganz wenige Freunde bleiben fürs Leben. Mir ist bewusst, dass vielleicht ein oder maximal zwei Kontakte bestehen bleiben können, wenn ich wegziehe. Und das geht auch nur, wenn für beide Seiten in Ordnung ist, dass man den Alltag nicht miteinander teilt, sich vielleicht nur zweimal im Jahr spricht oder nur einmal im Jahr sieht. Wenn man dann aber direkt wieder anknüpfen kann und nicht jedes Detail aus dem Alltag erzählen muss, sondern gleich auf eine tiefere Ebene miteinanderkommen und über die wesentlichen Dinge des Lebens reden kann – dann hat die Freundschaft eine Chance, bestehen zu bleiben.

Nicht von jeder Station sind Freunde geblieben, zu denen wir noch Kontakt haben. Aus dem Studium sind es noch zwei oder drei. Wir sehen uns nur einmal im Jahr, manchmal auch nur alle zwei Jahre. Das ist dann gut und intensiv. Im Alltag sind das jedoch nicht die Freunde, denen ich erzähle, was mich beschäftigt. Es sind nicht diejenigen, die ich anrufe, wenn ich ein Problem habe oder einen Rat brauche. Es ist eine andere Art der Freundschaft und Beziehung als bei jemandem, den ich jede Woche treffe, mit dem ich zusammenarbeite, wo wir gegenseitig auf die Kinder aufpassen oder zusammen im Hauskreis sind. Sie hat keine so große Bedeutung für den Alltag. Ich lebe sehr stark in der Gegenwart und an dem Ort, an dem ich im Moment bin. Mir ist sehr wichtig, mich auf die Leute vor Ort zu konzentrieren. Das ist ja auch, was meinen Alltag prägt, wo ich Hilfe und Unterstützung bekomme oder anbiete. Ich will dafür die Kapazitäten haben und nicht jeden Abend telefonieren oder jedes Wochenende jemanden zu Besuch haben.

Die Umzüge hatten auch eine Auswirkung auf meine Gottesbeziehung und meine Art, den Glauben zu leben. Das erste Mal ist mir das aufgefallen, als wir aus München wegzogen. In unserer Gemeinde war vieles durchorganisiert: die Gottesdienste, die Hauskreise, die Dienstbereiche, die Gemeindefreizeit an Ostern. Ich erlebte das als etwas sehr Positives: Ich musste mich nicht selbst um Gemeinschaft kümmern, sondern konnte einfach hingehen und Teil eines größeren Ganzen sein. Ich ließ mich davon mittragen und mitnehmen. Mit den Umzügen merkte ich, dass mein Glaube individueller, mehr auf mich bezogen wird. Dass ich die Gemeinschaft nicht mehr so intensiv erlebe und dadurch auch nicht mehr so stark getragen werde.

Ich bemerke auch eine gewisse Trägheit an mir: Ich muss mich mehr aufraffen und mehr investieren, damit meine Beziehung zu Gott nicht abreißt. Phasenweise habe ich auch nicht den Elan, an Gemeindeaktivitäten teilzunehmen. Wir müssen uns manchmal richtig vornehmen, in den Gottesdienst zu gehen und das wieder zu einer Routine werden zu lassen, auch wenn wir dort noch keinen kennen. Hauskreis ist auch anstrengender, wenn ich die Leute noch nicht gut kenne. Dann traue ich mich noch nicht, mich zu öffnen. Ich stelle fest, dass ich mich zurückziehe und meinen Glauben dann für mich lebe. Was ich mir wünsche, ist, den Glauben mehr in der Familie zu leben, mehr mit Christian zu beten, mit ihm zusammen in der Bibel zu lesen.

Durch die vielen Umzüge habe ich verschiedene Gemeinden und Glaubensrichtungen kennengelernt, von evangelisch über katholisch bis zu freien Gemeinden. Es hat meinen Horizont geweitet, zu sehen, dass es viele Arten gibt, wie man Glauben leben, Gottesdienst feiern, Lobpreis machen, Hauskreis gestalten oder beten kann. In Rumänien waren wir zum Beispiel in einer internationalen Gemeinde. Die Predigten des Pastors aus Kenia sprachen mich sehr an, obwohl er aus einer völlig fremden Kultur stammte und Beispiele aus einer ganz anderen Lebenswelt brachte.

Mein Gottesbild wurde in den letzten Jahren größer, weiter. Es kamen viel mehr Fragen als Wissen dazu. Ich weiß weniger über ihn, als ich noch vor zehn Jahren zu wissen glaubte. Gott ist für mich weniger greifbar. Ob das nun mit den Umzügen zusammenhängt oder einfach mit dem Prozess des Älterwerdens, kann ich schwer sagen. Ich erwarte von Gott nicht mehr, dass er jeden meiner Wünsche erfüllt und Leid von mir fernhält. Ich sehe ihn mittlerweile eher als Begleiter, der mit mir durch Freud und Leid geht. Ich bin nicht allein in all den Herausforderungen, die das Leben mir bietet. So kann ich auch schwierige Erfahrungen in meinen Glauben integrieren. Wenn ich bete, mit Gott rede, erzähle ich ihm mittlerweile eher, wie es mir geht, was ich gerade erlebe, anstatt ihn um konkrete Dinge zu bitten.

Manchmal denke ich an den anstehenden Umzug und frage mich: Warum schon wieder? Unsere Kinder sind jetzt in einem Alter, in dem sie viel mehr mitbekommen. Ich mache mir manchmal Sorgen: Wie kommen sie zurecht? Finden sie wieder Freunde? Wenn sie sich nicht wohlfühlen, wird es auch für mich herausfordernder. Ich hoffe, es wird für lange Zeit der letzte Umzug bleiben.

Durch unsere Umzüge konnten wir viele Abenteuer erleben: Wir lernten verschiedene Menschen aus unterschiedlichen Hintergründen kennen, auch kulturell durch Rumänien und die Schweiz. Ich finde es herausfordernd, die Andersartigkeit schätzen und respektieren zu lernen. Herauszufinden, was es da an Gutem und Schönem gibt, erweitert den Horizont. Man muss sich bewusst darauf einlassen, aber es kostet auch Kraft. Vielleicht kosten Umzüge mehr, als sie an Positivem bringen. Aber wenn man mal angekommen ist, kann man rückblickend oft sehen, was es an Gutem gebracht hat.

Früher dachte ich oft: Meine Heimat ist im Himmel. Und natürlich gibt mir das eine langfristige Perspektive. Jesus sagt, dass wir in der Welt, aber nicht von der Welt sind. Das habe ich oft so erlebt und empfunden: Ich gehöre hier nicht richtig hin. Mein Zuhause ist irgendwann bei Gott. Trotzdem brauche ich es doch auch schon hier. Einen Ort, an dem ich weiß: Hier kennen mich Leute, hier kann ich mich auf Menschen verlassen. Hier kenne ich mich aus. Hier fühle ich mich wohl, hier bin ich zu Hause.

»WAS SIND WIR JETZT FÜR EINE FAMILIE?«

Leben mit besonderen Zwillingen

Sie ist eine Influencerin, und dass das mal jemand über sie sagt, hätte Ines Viebahn nicht gedacht. So wie sie auch einige andere Wendungen in den vergangenen Jahren nicht erwartet hätte. Wer ihren Instagram-Account »passierschein_unendlichkeit« durchscrollt, sieht ein wunderbares Leben: schöne Menschen in weichem Abendsonnenlicht, coole Klamotten, blauer Pool, feine Drinks, Kinderlächeln vor makelloser Natur. Ines macht tolle Fotos, hat einen guten Blick für Details – und liebt ihr Leben und ihre Familie. Das ist nicht so selbstverständlich, wie es auf den ersten Blick scheint, denn zwei ihrer Kinder haben eine schwere Behinderung. Ines, vor sich ein Glas Weißwein, hinter sich den Sonnenuntergang über dem Bergischen Land, erzählt.

Ich hatte immer ein sehr unbeschwertes Leben. Perfekt, um genau zu sein. Meinen Mann Sven lernte ich während meiner Ausbildung zur Krankenschwester kennen. Nach eineinhalb Jahren heirateten wir, ich war 21. Schon damals wussten wir, dass wir auf jeden Fall irgendwann eine Familie gründen und unsere Kinder in unserer Heimat großziehen wollen. Eilig hatten wir es mit der Kinderplanung aber nicht.

Juli 2011

Ich bin in der sechsten Woche schwanger. Geplant haben wir das nicht. Mit 24 denkt man ja nicht: »Jetzt muss es aber losgehen.« Wir sind ein bisschen überrumpelt. Aber Sven und ich freuen uns.

August 2011

Zehnte Woche. Wir haben unser Kind verloren. Und ich frage mich, was das soll. War das jetzt nötig? Eigentlich wollte ich zum jetzigen Zeitpunkt ja gar nicht unbedingt ein Kind. Aber die letzten vier Wochen habe ich mich wirklich gefreut. Und jetzt ist es wieder weg. Für mich ist es die erste Erfahrung, dass einmal nicht alles so glatt läuft. Ich bin in einem tollen Elternhaus aufgewachsen, sehr behütet. Das Leben mit Gott kenne ich schon von Anfang an, im Gegensatz zu Sven. Komischerweise entfacht die Erfahrung der Fehlgeburt den Kinderwunsch in mir. Jetzt, wo ich weiß, wie es sich anfühlt, schwanger zu sein, denke ich: Wir können es wieder drauf ankommen lassen.

Anfang 2012

Es klappt erstaunlich schnell wieder. Ich bin froh, weil es doch auch mit Ängsten verbunden ist, noch mal schwanger zu werden. Ob ich das Kind wieder verlieren werde?

Frühjahr 2012

Mein dritter Ultraschall. Sven und ich sind zusammen bei der Frauenärztin. Ich schaue nur auf ihr Gesicht, weil ich noch so von der letzten Fehlgeburt traumatisiert bin. Auf einmal hat sie einen merkwürdigen Gesichtsausdruck. Ich denke: »Nicht schon wieder!« Sie sagt: »Das gibt's doch nicht!« Und lächelt. Sven sieht es auch sofort: Wir werden Eltern von Zwillingen. Ich bin erst mal geschockt. Ist das gerade mein Leben? Weder in Svens Familie noch in meiner gibt es Zwillinge.

Niemals hätte ich das erwartet! Ich sitze auf diesem Frauenarztstuhl und denke: »Gott, das ist doch echt krass. Eines hast du schon genommen. Und jetzt hast du uns zwei geschenkt.« Und dann freue ich mich.

28. August 2012

34. Woche. Ich bin regelmäßig zu allen Kontrollterminen gegangen, bisher war immer alles in Ordnung. Nun bin ich beim Pränataldiagnostiker in Köln. Dieses Mal misst er relativ lange herum und stellt fest, dass der eine Zwilling nicht viel weitergewachsen ist. Und er sieht, dass die eine Arterie der Nabelschnur schon verkalkt ist. Ein klares Zeichen, dass die beiden schnell zur Welt kommen sollten. Sie werden gleich per Notkaiserschnitt geholt. Es geht alles gut, sie atmen sofort. Wir nennen sie Piet und Jascha. Süß sehen sie aus mit ihren großen blauen Augen und den hellen Haaren.

Herbst 2012

Jascha und Piet entwickeln sich bestens. Sie bleiben noch eine Weile auf der Frühchen-Station und wir können den Vergleich sehen – bei den anderen Kindern dauert alles länger. Wir dürfen früher als geplant mit unseren beiden nach Hause. Gott sei Dank! Das Einzige, was uns etwas zu denken gibt: Im Krankenhaus sagt man uns, dass Piet und Jascha ein bisschen schlapp sind. Sie haben wohl keine so starke Muskelspannung. Aber was will man schon von Frühchen erwarten? Wir machen uns erst mal keine Sorgen. Sven hat insgesamt drei Monate Elternzeit. Das nutzen wir, um als Familie zueinanderzufinden. Ich merke: Wir sind schon jetzt ein richtig gutes Team.

Januar 2013

Bei der U5 wird festgestellt, dass sich unsere Zwillinge noch nicht drehen können. Das sollten sie so langsam aber. Sie bekommen Physiotherapie und lernen es jetzt. Ansonsten sind sie fröhlich, lächeln viel, sind total unkompliziert und immer zufrieden.

August 2013

Piet und Jascha sind jetzt ein Jahr alt. Sie können noch nicht selbstständig sitzen. Der Kinderarzt meint, wir sollen noch mal zwei Monate warten. Wenn sich dann immer noch nichts getan hat, müssen wir genauer prüfen, woran es liegen könnte.

Mai 2014

Wir sind in Bonn beim sozialpädiatrischen Zentrum, wo wir im Oktober schon mal waren. Damals hieß es, wir sollten noch abwarten. Die Tests zeigen, dass sich bei den Zwillingen tatsächlich nicht viel tut. Unsere Jungs können weder laufen noch sprechen. Ihre Entwicklung stagniert irgendwie. Wir versuchen trotzdem, positiv zu bleiben. Das wird sich schon einrenken.

18. März 2015

Wir sind heute noch mal zusammen bei einer Untersuchung. Nun wird uns richtig bewusst, dass unsere Zwillinge eine Behinderung haben. Ich wusste schon, dass etwas nicht stimmt, wollte das aber nicht wahrhaben. Wir dachten halt, dass uns so etwas nicht passiert. So wie keiner denkt, dass er Krebs bekommt. Wir hatten ja schon ein Kind verloren. Meinten, dass die Zwillinge den Rückstand aufholen würden. Dass Gott doch nicht zulassen würde, dass wirklich etwas nicht stimmt. Oder etwa doch? Die Ärztin sagt heute ganz klar, dass die Zwillinge nichts aufholen werden, dass eher das Gegenteil der Fall sein wird. Und fragt im gleichen Atemzug, was wir denn noch für Hilfsmittel bräuchten. Zum Beispiel einen Rollstuhl? Was? Doch keinen Rollstuhl! Heute werden unsere Befürchtungen zum ersten Mal ausgesprochen. Eine klare Diagnose, was es ist, gibt es aber immer noch nicht.

Sven und ich haben bislang nie über die Möglichkeit diskutiert, dass unsere Zwillinge behindert sein könnten. Bis jetzt. Auf dem Heimweg nach dem Arztbesuch sind wir beide ganz still. Wir müssen das erst mal sacken lassen. Was bedeutet das jetzt für uns? Wir kennen keinen in unserem Umfeld, der eine Behinderung hat. Irgendwie ist das fremd für uns. Klar, wir sind beide Krankenpfleger, wir haben genug gesehen. Aber dass es uns trifft – nein, das hätten wir nicht gedacht.

19. März 2015

Als ich am nächsten Morgen aufwache, weiß ich: Es wird alles gut. Genauso ist es auch bei Sven. Daran merke ich, dass Gott seine Finger im Spiel hat. Es ist ein Geschenk, dass wir das beide so annehmen können. Wir sind zwar positive Menschen, aber trotzdem ist es keine Selbstverständlichkeit, so eine Sache locker wegstecken zu können. Kinder sind doch das Wertvollste, was man haben kann.

Sven und ich haben auf jeden Fall Frieden über der Sache. Wir wissen, es wird schon irgendwie gehen. Wir haben glückliche und zufriedene Kinder, sie leiden ja nicht. Das wäre, glaube ich, noch mal eine ganz andere Hausnummer. Aber trotzdem hat man immer noch die eigenen Ansprüche: Man möchte, dass das Kind einen guten Abschluss macht, einen tollen Job bekommt … Und das ist auch toll. Aber man muss das alles nicht haben, um glücklich zu sein.

Irgendwie finde ich es selbst erstaunlich, dass wir beide einen solchen Frieden über der Sache haben. Würde ich mich von außen sehen, würde ich nicht verstehen können, wie wir damit umgehen. Das ist doch nicht normal, oder? Ich bin mir sicher: Es ist die Kraft von Jesus in uns. Es wird uns nicht kaputt machen. Es ist, als wäre ein Riegel vor der Tür, die zum Schmerz führt. Sie ist verschlossen. Und wir dürfen uns freuen. Was für ein Geschenk, dass wir nicht hadern müssen. Unser Frieden ist nicht gespielt – das würde man ja merken. Komisch eigentlich – ich kann es mir auch nicht erklären. Es ist wirklich übernatürlich.

30. Juli 2015

Ich liebe Fotos. Vor einigen Jahren habe ich Instagram für mich entdeckt. Es macht mir einfach riesigen Spaß, mich da auszudrücken. Jetzt stellt sich mir die Frage: Werde ich öffentlich mit dem Thema umgehen? Klar, es gehört zu meinem Leben. Ich schäme mich für nichts. Die letzten Jahre habe ich ganz normal wie alle anderen auch meine Fotos gepostet, mit einem privaten Konto.

Ich freue mich über die Reaktionen auf meine ernsthafteren Texte. Dass fremde Leute auf einmal reagieren und mir zurückspiegeln, dass sie dadurch ermutigt werden, hätte ich nie erwartet. Ich bete: »Herr, wenn du möchtest, dass es irgendwohin führt, dann mache ich jetzt mein Konto öffentlich. Pass auf meine Fotos auf, besonders die der Kinder, es soll einfach nur Segen bringen und nichts anderes.«

20. Dezember 2015

Kurz vor Weihnachten wird bei Piet Epilepsie diagnostiziert. Das ist schlimm für mich. Ich denke: »Es ist doch schon genug. Genug, womit wir klarkommen müssen.« Gleichzeitig weiß ich, dass bei behinderten Kindern eine Epilepsie häufig mitschwingt. Er bekommt jetzt ein Medikament, das bald gut anschlägt.

5. Januar 2016

Spatenstich. Wir bauen ein Haus. Und sind total dankbar für das Grundstück, das wir günstig bekommen haben. Ich hätte nie gedacht, dass ich das mal erleben werde. Meine Schwester wohnt um die Ecke, ich kann von meinem Wohnzimmerfenster ihr Dach sehen. Auch die Großeltern sind in der Nähe. Dieser Rahmen ist perfekt für uns. Obwohl die Situation mit den Jungs für die Großeltern schwierig ist, haben sie es mittlerweile ganz gut angenommen. Manchmal haben sie auch Tiefs. Aber sie sind oft da. Und meine Eltern nehmen die Kinder auch mal über Nacht.

März 2016

Ich hatte lange keinen Wunsch nach einem dritten Kind. Wir haben ja zwei Kinder. Außerdem sind wir ausgelastet. Aber seit Kurzem könnte ich es mir von meiner Energie her vorstellen. Natürlich weiß ich, dass es anstrengend werden würde, keine Frage. Aber gegen diesen Wunsch, den ich im Herzen habe, kann ich nichts machen. Trotzdem sage ich erst mal nichts. Ich möchte Sven zu nichts drängen oder überreden. Irgendwann erwähnte er mal, dass er es sich grundsätzlich vorstellen könnte. Aber weiter haben wir nicht darüber gesprochen. Meinen konkreten Kinderwunsch behalte ich erst einmal für mich.

April 2016

Wir vermuten, dass bei unseren Zwillingen ein Gendefekt vorliegt, aber bislang haben die Tests, die wir machen ließen, zu keinem klaren Ergebnis geführt. Jetzt sind wir wieder einmal im sozialpädiatrischen Zentrum in Bonn. Eine Genetikerin fragt mich, ob wir ein drittes Kind planen. Sie nennt mir ganz sachlich die Optionen, die es gibt, um ein gesundes Kind zu bekommen, falls die Behinderung unserer Zwillinge tatsächlich genetisch bedingt ist. Also mit Reagenzglas und Abtreibung, falls etwas doch nicht stimmt. Für uns kommt das alles so nicht infrage. Sie sagt uns auch, dass die Wahrscheinlichkeit bei 25 Prozent liegt, dass ein weiteres Kind wieder behindert sein wird. Diese Zahl verunsichert uns so, dass wir das mit dem Kinderwunsch erst mal auf Eis legen. Obwohl wir ja wissen, dass Gott uns ein gesundes Kind schenken kann, wenn er will. Irgendwie verdirbt die Zahl alles.

Januar 2017

Ein ganzes Jahr lang war Piet anfallsfrei, dank des Medikaments. Aber jetzt hat es wieder angefangen. Er hat immer wieder Anfälle beim Essen. Im Moment kann ich keine Mahlzeit richtig füttern. Es sind nicht die Anfälle, die man aus dem Fernsehen kennt, mit Schaum vor dem Mund und Krampfen. Sondern er ist kurz weg und dann wieder da. Im Sekundentakt geht der Kopf runter und dann ist er wieder da. Das dauert ein paar Minuten, dann geht es wieder. Wir müssen aber in jedem Fall aufpassen, dass Piet sich bei einem Anfall nicht verletzt.

Es gibt aber auch Anfälle im Schlaf, die teilweise eine dreiviertel Stunde lang dauern. Die stressen mich richtig. Oft ist es so, dass unser Feierabend dadurch einen negativen Beigeschmack hat, weil ich immer wieder bei ihm reinschaue, ob alles in Ordnung ist. Das Babyfon ist bei uns jedenfalls immer mit Kamera an. Und wenn es dann losgeht, fühle ich mich eine halbe, dreiviertel Stunde lang wie beim Exorzisten. Dein Kind ist völlig außer Kontrolle und die Augen verdrehen sich nach hinten. Ich finde es schlimm, so hilflos zuzugucken. Wir könnten ihm jedes Mal ein Diazepam-Zäpfchen geben, aber das wollen wir nicht, es ist ein sehr starkes Medikament. Die Anfälle hören immer wieder von selbst auf, man muss einfach warten.

Februar 2017

Wir sehen fern. Zwischendrin kommt eine Autowerbung. Sven sagt: »Also, wenn wir noch mal ein Kind kriegen, dann nehmen wir diesen Bus da.« Wir stellen den Ton leise und fangen an zu reden: Wollen wir noch mal eines oder nicht? Wir wägen ganz sachlich Pro und Kontra ab. Wie wäre es mit drei behinderten Kindern, die nicht laufen können? Wie viel Energie hätte man nachts für das eine Kind, das gestillt werden will? Wir merken schnell, dass auf jeden Fall mehr auf der Kontra-Seite steht. Deswegen verwerfen wir dieses Vorgehen und hören stattdessen in uns rein. Wir stellen fest: Wir wollen es.

Wir beten und geben den Wunsch komplett an Gott ab: »Herr, wenn du das möchtest und du uns noch ein Kind schenken willst, dann nehmen wir das Geschenk gern an. Wir wünschen es uns. Und wir wünschen uns ein gesundes Kind. Aber auch wenn es nicht gesund ist, nehmen wir es trotzdem gern an. Dann wirst du uns auch weiterhin die Kraft gegeben, damit wir es schaffen.«

Ich gehe einfach immer davon aus, dass wir einen guten Gott haben – egal, was wir schon an Negativem erlebt haben. Wir haben ja erfahren, wie gut er trotzdem zu uns ist und wie er unsere Wege führt und uns die ganze Zeit über segnet. Ja, wir haben dieses Päckchen zu tragen, aber gleichzeitig segnet er uns auch. Und das macht etwas mit mir. Diese Entscheidung fürs dritte Kind ist für uns heute beide ganz einfach. Erst sachlich, dann emotional. Wir umarmen uns nach dem Gebet – und sehen dann weiter fern.

April 2017

Ich bin tatsächlich schnell wieder schwanger. Dass es geklappt hat, weiß ich, bevor ich den Test mache. Gott gibt mir das Gefühl: Du bekommst ein Mädchen, und es ist alles in Ordnung. Wir freuen uns riesig.

Oktober 2017

Mit Piets Epilepsie wird es gerade immer schlimmer. Oft stehen wir an seinem Bett und beten für ihn mit der ganzen Vollmacht, die wir in Jesus haben. Aber es verändert sich einfach nichts. Außer dass es schlimmer wird. Jesus scheint einfach zu schweigen. Ich habe das Gefühl, unser Gebet steigt bis zur Zimmerdecke, und das war's.

Doch, wir erleben auch viel Gutes. Sven hat zum Beispiel einen tollen neuen Job bekommen. Aber bei der Epilepsie kommen wir einfach nicht weiter. Ich verstehe Gott nicht. Wieso muss unser Kind darunter leiden? Kann es nicht irgendetwas anderes sein? Dann lieber eine Arbeitslosigkeit oder so etwas. Aber doch nicht immer Piet!

Er hat von den Ärzten viele verschiedene Medikamente bekommen. Sie beraten uns nach bestem Wissen und Gewissen. Aber es bringt zurzeit alles nichts. Ich bin eigentlich ein fröhlicher Mensch. Auch jetzt, trotz allem. Doch es zieht mich zwischendurch immer wieder runter, nicht zu wissen, an was Gott hier gerade arbeitet. Das zerreißt mir einfach das Herz.

28. Januar 2018

Hedda ist auf der Welt. Sie ist gesund und putzmunter. Wir sind so dankbar, dass wir vertraut haben, dass Gott es gut macht. Wir hätten auch darauf verzichten können, noch ein Kind zu bekommen. Aber was wäre uns dann entgangen? Hedda ist jetzt für uns ein besonderes Geschenk. Wir wissen es jeden Tag zu schätzen.

Frühling 2018

Wir lassen Hedda in unserer Gemeinde einsegnen. Unser Diakon ruft uns als ganze Familie auf die Bühne. Und dann steht die Gemeinde auf und betet nicht nur für Hedda, sondern auch um Heilung für Piet und Jascha. Es ist so schön, all die Menschen zu sehen, die hinter uns stehen. Es berührt mich tief. Ich weiß schon, dass Leute für uns beten. Aber das so zu sehen, ist noch mal etwas anderes für mich. Es ist so viel wert, in dieser Situation zu wissen: Jeden Tag betet irgendeiner von diesen Menschen für uns.

31. August 2018

Die Zwillinge sind in die Förderschule gekommen. Ein neuer Meilenstein in ihrem Leben. Morgens kommt jetzt immer ein Taxi-Bus und holt die beiden ab. Irgendwie fällt mir das schon auch schwer. Jascha und Piet können ja immer noch nicht sprechen. Sie können nicht sagen, wenn sie etwas nicht wollen. Und sie können uns auch nicht erzählen, was passiert ist und ob alles gut gelaufen ist. Dieses Loslassen ist nicht so einfach für mich. Deswegen heulte ich am ersten Tag auch. Aber wir stellen fest, dass wir es mit vielen netten Menschen zu tun haben, denen ich vertrauen kann.

Oktober 2018

Durch die Schule haben wir als Familie einen neuen Rhythmus. Wenn Sven Frühdienst hat, bin ich morgens allein mit den Kindern. Mein Wecker geht um Viertel vor sieben. Dann gehe ich runter und mache die Frühstücksdosen für die Jungs fertig. Um sieben Uhr wecke ich sie. Ich nehme erst den einen aus dem Bett – Zähne putzen, waschen, wickeln, umziehen. Dann den zweiten. Sie sind ganz genügsam und warten geduldig, solange der andere dran ist. Dann gebe ich ihnen etwas zu essen. Um halb acht kommt der Taxi-Bus und holt die beiden ab. Sie kommen erst um vier Uhr nachmittags wieder nach Hause. In der Zwischenzeit bin ich mit Hedda allein.

Wenn die Jungs zurück sind, gebe ich ihnen wieder was zu essen. Danach sind sie erst mal eine halbe Stunde beschäftigt. Es ist, als würden sie jeden Tag neu ihre Spielsachen entdecken. In dieser Zeit braucht man sie gar nicht anzusprechen. Sie spielen alleine vor sich hin.

Eigentlich kann man gar nicht richtig mit ihnen spielen. Sie können mit Bauklötzen oder Autos nichts anfangen. Sie nehmen einfach das Erste, was sie sehen, in den Mund – das ist ihr Spiel. Für uns ist das manchmal frustrierend. Aber sie mögen es, wenn man ihnen etwas vorsingt. Deswegen singen und klatschen wir viel mit ihnen. Um sechs gibt es bei uns Abendbrot, um sieben bringen wir sie ins Bett. Dann beten wir noch zusammen und machen Musik an, bis sie irgendwann von alleine einschlafen.

Januar 2019

Piet geht es gerade richtig schlecht. Er will nichts mehr essen, außer Schokopudding. Weiß wie eine Wand ist er. Er sitzt nur noch da, lächelt nicht mehr, spielt nicht mehr. Vorhin haben wir die Jungs gebadet und ihnen die Haare gewaschen. Als ich Piet abbrauste, war es wie in einem Horrorfilm: Beim Wasserablassen sah ich, dass auf dem Wannenboden alles voller Haare war – von den Nebenwirkungen der Tabletten. Ich wurde so wütend, dass ich zu Sven sagte: »Ich schmeiße die Scheiß-Tabletten jetzt weg! Was ist das für Gift?! Unser Kind ist so schlecht dran wie noch nie. Was tun wir ihm eigentlich an?!« Wir vertrauen darauf, dass die Medikamente helfen, aber genau das Gegenteil passiert. Ich habe wirklich meine Grenze erreicht. Es ist einfach schlimm, sein Kind so leiden zu sehen.

Januar 2019, nächster Tag

Gestern war ein furchtbarer Tag. Sven schlägt vor, dass wir einfach mal versuchen, die Tabletten abzusetzen. Wir sprechen mit der Ärztin darüber. Sie merkt, wie sicher wir uns sind und dass wir beide durch unsere Berufe vom Fach sind. Sie schreibt uns einen Plan, wie wir langsam alle Medikamente absetzen können.

Mitte März 2019

Piet hat keine dieser krassen, langen Anfälle mehr. Diese Phase mit der Epilepsie war schon richtig anstrengend. Manchmal dachte ich in dem Moment, in dem es wieder einen Anfall gab: »Wenn das jetzt noch zehn Jahre so geht – ich kann das nicht. Das mache ich nicht mit.« Meine Gebete wurden flehender als früher. Eigentlich hat sich mein Gebetsleben insgesamt verändert. Ich bete jetzt ganz anders.

Ich habe auf einmal angefangen zu glauben, dass mein Gebet nicht nur bis zur Decke geht. Sondern wirklich Kraft und Macht hat. Ich denke: »Satan, du brauchst mir keine Angst zu machen. Jesus, danke, dass du die Macht hast zu heilen, und ich bete jetzt dafür.« Und wenn mich jemand fragt, ob ich für etwas beten kann, sage ich Ja, weil ich weiß, dass ich etwas bewegen kann. Das habe ich zwar früher auch gesagt, aber oft war ich mir nicht sicher, ob mein Gebet wirklich etwas bewirkt. Das hat sich verändert. Ich nehme es aus dieser schweren Zeit mit.

Ja, ich habe mit dieser Situation gehadert. Aber ich weiß einfach, dass Gott gut und souverän ist. Ich brauche nicht infrage zu stellen, was passiert. Über allem steht: Er liebt mich ohne Ende. Und er liebt auch meine Kinder und meinen Mann. Er will das Beste für uns und sieht uns. Ich sehe ihn zwar nicht wirken, aber er wird schon irgendwas machen. Alles wird zu seiner Zeit passieren. Manche Dinge brauchen einfach länger.

Ende März 2019

Durch meine Präsenz in den sozialen Medien bekomme ich jetzt fast täglich Nachrichten, in denen mir Menschen schreiben, dass sie es als eine solche Ermutigung erleben, wie wir mit unserer Situation umgehen. Dabei ist es eigentlich egal, ob das Christen sind oder Menschen, die Jesus noch nicht kennen. Ob es Leute sind, die selbst behinderte Kinder haben, oder nicht: Eigentlich hat doch jeder irgendein Päckchen zu tragen, oder er kennt jemanden, der ein Päckchen zu tragen hat.

Ich möchte Mut für Lebenssituationen machen, in denen es einfach nicht gut läuft. Ich möchte vermitteln, dass man auch dann mit Gott an der Seite glücklich sein kann. Und dass man Frieden im Herzen haben kann, auch wenn krasse Sachen im Leben passieren. Meine Antwort ist Jesus. Ich will dazu ermutigen, es einfach mal in Betracht zu ziehen, mit ihm zu leben.

Mai 2019

Der Frühling ist da, und mit dem Frühling geht es Piet besser. Es hat vier Monate gedauert, aber jetzt braucht er keine Tabletten mehr. Ich merke, dass das Thema Heilung auch ein Prozess ist. Jetzt können wir langsam aufatmen.

Zwei Jahre lang hatte er täglich fünf bis sechs Anfälle, die wir uns immer angucken und mit ihm zusammen aushalten mussten. Kürzlich hatte er sogar drei Wochen lang keinen Anfall mehr. Wir hatten schon auf vollständige Heilung gehofft, aber das war leider nicht der Fall. Er hat immer noch Anfälle, vielleicht fünf im Monat. Aber es geht ihm gerade gut. Er lacht wieder und ist fröhlich. Das ist eine tolle Verbesserung.

In der Zeit, die hinter uns liegt und in der ich so verzweifelt war, habe ich diesen Bibelvers bekommen: »Werft dieses Vertrauen auf den Herrn nicht weg, was immer auch geschieht, sondern denkt an die große Belohnung, die damit verbunden ist!« (Hebräer 10,35). Es war eine Zusage, die mir Hoffnung gab. Jetzt erlebe ich, dass sich das erfüllt. Er ist zwar nicht geheilt, aber es geht Piet jetzt gut. Gott hat sein Versprechen irgendwie doch gehalten, indem er einen anderen Weg gewählt hat. Ob Piet irgendwann die Epilepsie loswird – das wissen wir nicht. Aber es ist eine krasse Veränderung passiert, und uns als Eltern ist eine zentnerschwere Last vom Herzen gefallen.

Juni 2019

Die Leidenszeit, durch die wir mit Piet gegangen sind und die wir gemeinsam aushalten mussten, hat mir gezeigt, worauf es eigentlich wirklich ankommt. Für mich ist das, dass mein Kind glücklich ist. Mehr erwarte ich gar nicht mehr. Über manche Sachen braucht man sich nicht stundenlang den Kopf zu zerbrechen. Zum Beispiel, wie schade es ist, dass die Zwillinge uns keine Enkel schenken werden. Es wird nicht so sein. Wir können es nicht ändern. Aber das heißt nicht, dass unser Leben dadurch weniger Wert hat oder weniger Glück beinhaltet. Solange die Zwillinge jeden Tag genießen und fröhlich sind, reicht das. Überhaupt sollte es nicht »Hauptsache gesund« heißen, sondern »Hauptsache geliebt«.

Oktober 2019

Was ich schon manchmal vermisse, ist das Körperliche bei den Jungs. Dass sie zu mir kommen und mir sagen, dass sie mich lieb haben. Oder mich von sich aus umarmen. Das können sie physisch einfach nicht. Piet und Jascha zeigen mir ihre Liebe auf andere Art und Weise. Ganz selten beugt sich zum Beispiel mal einer vor und macht einen richtigen Kussmund. Wenn so etwas passiert, falle ich aus allen Wolken.

Ich habe ja jetzt auch den direkten Vergleich und weiß, wie es ist, wenn ein Kind einem die Händchen um den Hals schlingt und feste drückt. Klar ist es auch manchmal anstrengend mit Hedda. Jedes Kind fordert einen ja auf eine gewisse Weise heraus. Aber sie ist so süß und ihre Entwicklung macht uns froh. Wir feiern alles, was sie lernt, wie sie spricht – ich stehe manchmal mit offenem Mund da, weil es für uns so besonders ist zu sehen, wie es ist, wenn sich ein Kind normal entwickelt. Das heilt uns irgendwie.

Dezember 2019, kurz vor Weihnachten

Ein halbes Jahr lang dachten wir: »Wow, was für ein Leben! Uns geht's gut!« Jetzt sitzen wir als Familie beim Frühstück. Mein Blick geht zu Jascha und ich denke: »Das. Darf. Nicht. Wahr. Sein.« Genau wie bei Piet damals sackt ihm der Kopf weg. Er hat jetzt auch Epilepsie. Sven und ich starren ihn zwei Minuten lang an und sind fassungslos.

»Wieso lässt du das noch mal zu, Gott? Wie viele Prüfungen müssen wir eigentlich noch durchmachen, um zu beweisen, dass wir dir wirklich vertrauen?« Solche Gedanken sind in meinem Kopf. Ich sitze da und heule. Sven kann gar nichts sagen, er ist sprachlos. Und Hedda guckt nur von A nach B.

Ich habe heute viel zu erledigen und muss los. Ich bin sauer, aber mache im Auto sofort Lobpreis-Musik an, vielleicht will Gott ja zu mir reden. Und dann kommen Lieder, die einfach auf meine Situation passen, wie »This is how I fight my battles« (»So kämpfe ich meine Kämpfe«). Ich weiß jetzt, dass er da ist, uns sieht und einfach keine Fehler macht – so abgedroschen das auch klingt. Die Musik verändert viel in meinem Herzen. Nach einer Weile singe ich mit. Und ich merke, es wird schon wieder besser.

Sommer 2020

Die Jungs haben ein paar kleine, feine Sachen gelernt, die für uns aber eine große Bedeutung haben. Zum Beispiel können sie jetzt gut stehen. Und sie können einen Becher halten. Was kognitiv bei ihnen vor sich geht, wissen wir immer noch nicht so genau. Wir merken, sie verstehen einiges. Aber sie können immer noch nicht laufen und kein Wort sprechen. Hedda hat sie in ihrer Entwicklung längst überholt.

Überhaupt, das Sprechen: Wie einfach ist es, wenn ein Kind sagen kann, was los ist oder wo es gerade wehtut! Jascha hatte neulich einen fetten Splitter im Fuß, den wir ungefähr eine Stunde lang nicht bemerkt haben. Er war nur irgendwann ganz still. Ich finde es dann oft schwierig, herauszufinden, was los ist. Es wäre so viel einfacher, wenn sie es sagen könnten. Manchmal denkt man morgens: »Irgendwie sieht er komisch aus. Soll ich ihn jetzt in die Schule schicken oder nicht? Ist er krank oder einfach nur müde?« Das sind schwierige Entscheidungen, die man für das Kind fällen muss, und es fordert mich oft sehr heraus.

Gleichzeitig habe ich die Art der Jungs sehr zu schätzen gelernt. Sie sind absolut berechenbar: Du weißt immer, was du vorfindest, wenn du in ihr Zimmer kommst. Sie freuen sich. Für mich ist es angenehm, dass sie immer fröhlich sind. Sie weinen nur, wenn ihnen etwas sehr, sehr weh tut. Sie haben noch nie wegen irgendwas gejammert. Sie sind sehr genügsam und geduldig. Und sie können sich super selbst beschäftigen.

Dezember 2020

Im Sommer waren wir zur Epilepsieeinstellung mit Piet und Jascha in einer Spezialklinik. Dort ermutigten uns die Ärzte dazu, die Gene unserer Jungs noch einmal untersuchen zu lassen. Nachdem früher bei den Tests nie etwas herausgekommen war, hatten wir das für uns schon ad acta gelegt. In den letzten Jahren hat sich aber viel in der Forschung getan. Und tatsächlich wurde unsere Vermutung nun offiziell bestätigt: Bei Piet und Jascha liegt ein seltener Gendefekt vor, eine Mutation am Gen STXBP1. Wir haben jetzt einen Namen. Verändert hat sich dadurch für uns nicht viel. Wir hatten ja acht Jahre Zeit, die Kinder in ihrer Entwicklung zu beobachten. Und wir wussten auch schon vor dieser Diagnose, dass unsere Jungs immer auf Hilfe angewiesen sein werden, wenn Gott kein Wunder tut.

Manchmal frage ich mich, wie es wäre, wenn die Jungs gesund wären. Dann wäre in meinem Leben alles perfekt gelaufen. Aber ich will mein jetziges Leben nicht eintauschen. Es ist zwar hundertprozentig ein anstrengendes Leben, mit vielen Tausend Herausforderungen. Aber meine Beziehung zu Gott wäre ohne diese Herausforderungen niemals so, wie sie jetzt ist. Ich hätte nie gedacht, wie nah ich Gott kommen könnte. Wobei ich mir sicher bin, dass man Gott noch näherkommen kann.

Klar, wenn man durch Schmerz geht, ist das nicht angenehm. Aber ich habe immer gemerkt, wie Gott uns an der Hand hält. Wie er uns hindurchführt, voller Liebe. Ich habe mich noch nie so geliebt gefühlt wie jetzt. Jetzt weiß ich, was es bedeutet, mit Gott durch Krisen zu gehen. Es ist mir so viel wert, Gott nah zu sein, dass ich diese Schmerzenszeiten nicht eintauschen wollen würde.

Wenn ich auf Instagram manche Reaktionen lese, in denen sich Menschen wundern, wie ich so sein kann, denke ich: »Das bin ich einfach durch Gott, das ist ein Geschenk. Ohne Gott wäre ich am Boden und niemals so fröhlich.« Ich habe für mich herausgefunden: Segen ist, wenn du fröhlich und glücklich sein kannst, egal wie das Leben spielt und wie deine Lebensumstände sind, weil du Jesus hast.

Natürlich macht man sich als Eltern viele Sorgen. Ich möchte gern Mut machen, sich darauf zu verlassen, dass Gott sich schon kümmern wird. Das ist etwas, was ich in den letzten Jahren wirklich gelernt habe. Ich steigere mich nicht mehr in Szenarien hinein. Ich hätte auch kein Problem damit, wenn ich morgen die Erde verlassen müsste und sterben würde, weil ich weiß, dass Gott sich um unsere Söhne kümmert. Nicht, weil Hedda jetzt da ist. Sondern weil ich diese Gewissheit in mir habe, dass Gott die Jungs genau so wollte, wie sie sind. Dass er Sven und mich zusammengeführt hat. Es hat alles einen Sinn. Und wenn wir mal nicht mehr sind, dann wird er sich kümmern. Dann wird er vielleicht ein gutes Pflegeheim für die Jungs finden oder was auch immer. Ich habe da keine Zukunftsängste, und deswegen lebe ich auch so unbeschwert.

Ich weiß, was es für eine Freiheit ist, wenn man nicht ständig unter solch einer großen Last steht. Wenn man keine Regenwolke über einem hat, die einen bedrückt. Ich fühle mich frei. Ich habe nichts, was mich festhält. Und das liegt daran, dass ich wirklich alle Sorgen an Gott abgebe. Wir leben von Tag zu Tag. Wir fragen uns heute nicht: »Was ist, wenn die Zwillinge mal dreißig sind?« Weil wir wissen, dass das nichts bringt.

Unser Leben auf der Erde ist so kurz. Erst danach geht es richtig los in der Ewigkeit. Ohne Krankheit, ohne Schmerz, ohne Tränen. Und da werde ich auch das Kind kennenlernen, das ich nicht kennenlernen konnte. Darauf lebe ich hin. Das ist der Grund, warum ich in meiner Lage so fröhlich sein kann.

»ES IST WICHTIG, EINEN INNEREN VORRAT ZU HABEN.«

Aufwachsen in materieller Armut

Münchner Speckgürtel, eine Doppelhaushälfte am Ortsrand, Rollrasen vor der Terrasse und ein Lastenrad in der Garagenauffahrt. Heute wird noch ein Maulbeerbaum geliefert werden, der den kleinen Garten mit Früchten und Schatten versorgen soll. Anita, 30 Jahre alt, Arzthelferin, setzt sich an den großen Holztisch im offenen Wohn-Ess-Bereich, ihr Mann Thomas, Gymnasiallehrer, kümmert sich so lange um ein Wespennest im zweiten Stock und die drei kleinen Kinder. Anita ist eine Wundertüte: Auf ihrem YouTube-Kanal trägt sie eigene Poetry vor, auf ihrer Hochzeit aßen die Gäste aus der Mülltonne gerettete Lebensmittel. Das T-Shirt mit Loch unter der Achsel trägt sie mit Stolz, in der Küche hängt ein großes Mosaik aus alten Glasscherben, das sie gestaltet hat, auf dem Fenstersims versucht sie, Gemüsereste wieder zum Wachsen zu bringen, außerdem ist sie Mitglied einer Partei. In unserem Gespräch soll es um ihre Leidenschaft für ein nachhaltiges Leben gehen – und darum, wie sie ihre Kindheit unterhalb der Armutsgrenze geprägt hat.

Ich komme aus einer Großfamilie. Wir waren acht Kinder. Ich bin die dritte. Wir wuchsen in einer Beamtensiedlung auf, weil mein Papa Schulhausmeister war. In unserer Gegend waren wir die Einzigen, die offensichtlich weniger Geld als andere hatten.

Mein Vater hatte eine halbe Stelle und verdiente nicht viel. Zu unseren ärmsten, schlimmsten Zeiten war er arbeitslos und meine Mutter war sowieso mit uns zu Hause. Weil er nicht betteln wollte, beantragte mein Vater jedoch ungern Geld. Wir hatten dann zehn Mark am Tag für sechs Leute. Damals waren meine jüngeren Geschwister noch nicht auf der Welt. Das war der Tiefpunkt der Armut. Und damit mussten wir klarkommen.

Wir waren die komische Hippie-Familie, von der sich jeder in der Siedlung fragte, was wir dort eigentlich zu suchen hatten. Ich erlebte oft, dass Kinder zu mir sagten: »Ihr seid nur so viele, weil eure Eltern dann mehr Kindergeld kriegen.« Wenn Kinder so etwas sagen, weißt du, was ihre Eltern daheim erzählen.

Mein Papa hatte lange Haare, wir fuhren Einrad, machten Musik – bekannter konnte man in der Siedlung nicht sein. Alle hatten ihre Meinung über uns. Das ist etwas sehr Prägendes. Wir erfuhren damals am eigenen Leib, dass andere meinten, etwas über uns zu wissen, aber keine Ahnung hatten. Es tut mir bis heute weh, wenn jemand auf nur eine Facette seines Ichs festgelegt wird.

Die einen bewunderten uns und die anderen fanden uns fürchterlich. Es gab diese beiden Lager, Stempel drauf. Das finde ich bis heute schlimm. Wenn jemand uns abwertete, ärgerte mich das total, weil ich dachte: »Wir sind so viel mehr als lange Haare und laut. Wir sind übrigens alle ganz verschieden.« Wenn uns jemand lobte und begeistert war, fand ich das auch bescheuert. Ich vermisste das Individuelle.

Wir machten als Familie viel Musik. Wir hatten eine Band, die Dingos, und traten auf Festivals auf, auf Straßenfesten, beim Sommerfest in der Schule, auf Weihnachtsmärkten. Mein Vater steckte die so verdienten Gagen zum größten Teil in

Instrumente und Instrumentalunterricht bei der Musikschule, einen kleinen Anteil bekamen wir Kinder. Wir traten mit einer Mischung aus Musik und Akrobatik auf, alle spielten mit. Meine Jobs waren Kunstradfahren und Singen. Ich wurde leider immer vorne in die Mitte gestellt, weil Papa fand, dass ich die schönste Singstimme hatte. Das war eigentlich ein Kompliment, aber ich wollte das gar nicht. Und auch nicht Kunstrad oder Einrad fahren.

Ich wollte immer nur raus, Fußball spielen mit meinen Freunden. Aber meine Eltern hatten eine feste Regel: Instrument, Sport und Ausbildung für jedes Kind – weil ein Hocker mit drei Beinen nicht umfällt. Ihr Gedanke war: Wenn du gar nichts mehr hast, hast du wenigstens noch dein Instrument, dann kannst du dich auf die Straße setzen und Musik machen, und außerdem macht es dich fröhlich. Ich habe also Querflöte gespielt und Kunstrad trainiert. Zunächst machte es Spaß, aber irgendwann war es kein Hobby mehr, sondern musste weitergemacht werden. Mein Papa setzte das durch, bis ich 16 war.

Eine weitere Regel war, dass wir vier älteren Kinder von allem, was wir an Einkommen hatten – ob vom Zeitungaustragen, FSJ oder der Ausbildung –, ein Drittel in die Familienkasse abgeben mussten. Das war hart, aber auch sehr lehrreich.

Die Schule spielte für meine Eltern dagegen keine so große Rolle. Sie meldeten uns auch mal krank, wenn wir jammerten, dass wir auf eine Klausur nicht gelernt hatten. Nachmittags hatten wir zwei- bis dreimal die Woche Training im Kunstrad- und Einradfahren, auch in den Ferien, weil mein Papa ja den Turnhallenschlüssel hatte. Und an einem Tag hatten wir Instrumentalunterricht. Heute bin ich irgendwie stolz darauf. Ich weiß, dass ich etwas draufhabe, wenn ich möchte. Über das Wie kann man sich streiten.

Es gab viele Abstriche bei uns zu Hause. Die Wohnung war eng, meine Eltern schliefen im Wohnzimmer, wir Geschwister teilten uns Zimmer. Bei meiner Schwester und mir gab es oft Streit: Ich wollte TKKG hören, sie Britney Spears. Mit so vielen Kindern war natürlich immer viel los in der Wohnung. Ich vermute, dass ich auch deswegen immer viel rauswollte, weil ich keinen eigenen Rückzugsort hatte. Ich hatte halt mein Bett.

Nach sechs Uhr gab es bei uns kein Abendessen mehr. Wenn ich als Kind nicht auf die Uhr schaute und erst später nach Hause kam, gab es nichts mehr für mich. In der Ausbildung war es das Gleiche: Ich kam nachmittags um vier heim und war sehr hungrig. Vom Mittagessen war nichts mehr da, weil keiner daran gedacht hat, dass ich noch komme. Man durfte aber auch nicht einfach in die Küche und sich etwas nehmen. Es war alles ziemlich genau rationiert, weil wir so viele Leute waren und wenig Geld hatten.

Als Kind klaute ich manchmal, das finde ich heute schlimm. Oft aus Neid, weil ich etwas auch haben wollte. Es waren Sachen, die für andere gar nicht so relevant waren, weil sie mehr als genug hatten. Ihnen fiel es gar nicht auf, wenn da zum Beispiel mal ein Stift gefehlt hat. Aber für mich war es etwas Besonderes, auch einen roten Stabilo-Stift zu haben. Wenn mein Vater das herausbekam, gab es großen Ärger. Ich probierte es trotzdem immer wieder. Ab und zu klaute ich auch Geld – zehn, zwanzig oder fünfzig Pfennig, das war für mich nicht wenig. Manchmal warf ich das Geld dann auf den Boden und hoffte, dass es jemand findet, der es wirklich brauchen kann. Denn der große Held meiner Kindheit war Jesse James. Mein Papa sang das bekannte Lied über ihn immer am Lagerfeuer. Jesse James klaute den Reichen Sachen und gab sie den Armen, mit Hand und Herz und Kopf. Eigentlich knallhart, er tötete Leute und raubte sie aus – aber er versorgte die Armen damit, und das fand ich gerecht.

Für mich sind die Lagerfeuerabende in Tschechien eine prägende Kindheitserinnerung. Wir verbrachten dort viel Zeit auf einem Campingplatz, auch weil es in Tschechien billiger als zu Hause war. Dort durften wir irgendwie alles. Es war Freiheit pur: Pfeil und Bogen schießen, schnitzen, Messer werfen. Ich erinnere mich noch daran, wie wir Kinder zu viert mit dem Kanu auf den See rausfuhren. Ich glaube nicht, dass wir alle schon schwimmen konnten, aber wir hatten immerhin Schwimmwesten an.

Mit das Schönste waren die Abende, wenn mein Papa am Lagerfeuer sang. »Amazing Grace«, »Country Roads« – und eben »Jesse James«. Wir schliefen am Feuer ein. Meine Eltern trugen uns dann ins Zelt und meine Mama wickelte heiße Steine aus dem Feuer in Handtücher und steckte sie uns in den Schlafsack, damit wir nicht froren. Das war schön.

Ich glaube, das Positivste an dieser Zeit war, dass wir alle sehr stark die Freiheiten der anderen achten lernten. Und verstanden, dass jeder Mensch anders ist und man den anderen nicht immer korrigieren muss. Solche zwischenmenschlichen Sachen beherrsche ich total intuitiv. »Leben und leben lassen« – bis zu einem bestimmten Grad ist das total normal für mich. Neulich sagte mein Papa: »Jeder ist, wie er ist. Und jeder ist okay, wie er ist.« Für mich ist das eine krasse Erkenntnis, auch wenn sie so schlicht klingt. Wenn du die Leute so lässt, wie sie sind, und sie nicht festlegst, gibst du ihnen Freiheit.

Einmal, ich war im Grundschulalter, fuhr mein Vater mit mir in die Innenstadt, weil ich dringend eine neue Brille brauchte. Er kaufte mir dort zum ersten Mal in meinem Leben Trauben. Ich kann mich jedenfalls nicht erinnern, dass wir sie jemals vorher hatten, es hieß immer: viel zu teuer.

Es gab sowieso kaum Obst bei uns daheim, da es zu kostspielig und zu schnell weg war, es lohnte sich einfach nicht. Und dann saß da ein Bettler. Ich bat meinen Papa, ihm etwas zu geben, weil ich so großes Mitleid hatte. Aber er meinte nur: »Ich habe ja selbst nichts.«

»Doch«, antwortete ich, »du hast viele Trauben in der Hand! Du kannst ihm doch einfach was geben!« Mein Papa weigerte sich und ging weiter. Das fand ich schlimm. Heute verstehe ich es natürlich. Ich renne auch mit meinen Kindern an Bettlern vorbei, weil man nicht allen helfen kann.

Manchmal werde ich allerdings schon aktiv. Einmal, ich war schon von zu Hause ausgezogen und seit kurzer Zeit Christ, radelte ich vom Gottesdienst heim und dachte: »Wenn auf den nächsten 50 Metern ein Bettler sitzt, dann gebe ich ihm alles Geld, das ich dabeihabe« – das waren ungefähr 170 Euro. Da lag dann tatsächlich einer. Ich schrieb ihm einen Zettel, wie er das Geld gut investieren könnte, und schenkte ihm tatsächlich mein ganzes Geld. Er schlief, ich schob es ihm unter den Schlafsack. Respektvoll versuchte ich, ihm Tipps zu geben, wie er aus der Obdachlosigkeit kommen könnte. Ich hoffte, er könnte sein Leben verbessern.

Mich beschäftigt das sehr. Ich weiß zwar, dass es für jeden in der Stadt ein Bett gibt, wenn er will. Aber es hilft den Leuten noch nicht, dass sie dort schlafen können. Denn so werden nur die Symptome bekämpft. Die meisten Leute haben ganz andere Probleme. In unserer Kirche gibt es ein Obdachlosenfrühstück, wo nicht einfach nur Essen ausgegeben wird, sondern in Gemeinschaft gegessen wird. Sie werden dort mit anderen Augen angeschaut. Sie sind dann einfach Leute, die Gemeinschaft suchen. Ihr Status spielt für einen Moment keine Rolle. Leider gibt es nicht viele solche Orte. Es ist nicht einfach, aus etwas rauszukommen, worauf man reduziert wird. Doch diese Menschen sind so viel mehr!

Das ist vielleicht auch eine Frucht aus der Großfamilie, weil ich bei meinen Geschwistern sehe, was sie früher gemacht haben und wer sie jetzt sind. Wo sie Entwicklungsschritte gegangen sind und man Angst um sie hatte, und dann ist es doch anders gekommen. Ich habe gelernt zu verstehen, dass es immer einen Grund dafür gibt, wie ein Mensch geworden ist.

Es gibt eine Bibelstelle, mit der ich mich schon ganz früh in meinem Christsein stark identifiziert habe: »Mir ist alles und jedes vertraut: beides, satt sein und hungern, beides, Überfluss haben und Mangel leiden« (Philipper 4,12; LUT). So ist es für mich auch. Und wenn ich etwas Positives erlebe, sammle ich es in mir, weil ich weiß, dass es tief bergab gehen kann. Dann wird es unendlich wertvoll sein, gute Lieder und Gedichte, Erlebnisse und Erinnerungen zu haben, die einen am Leben halten. Es ist ein ähnliches Prinzip, wie ein Instrument zu spielen und eine Sportart zu beherrschen: Man weiß nie, was einem im Leben begegnet, daher ist es wichtig, innerlich mit etwas ausgefüllt zu sein, was einen durch schwere Zeiten bringt. Dass man da einen Vorrat hat.

Ob mein Gespür für Gerechtigkeit durch meine persönliche Geschichte bedingt ist? Vielleicht gehört es dazu, dass man sich selbst oft ungerecht behandelt fühlt, damit man das verstehen kann. Es kann schon sein, dass diese Benachteiligung, die fast jedes von uns Geschwistern empfand, weil meine Eltern sich ja nicht durch acht teilen konnten, eine Rolle spielt. Wenn man einen Blick für so etwas hat, sieht und entdeckt man immer mehr Sachen.

Woher kommt etwas? Wie viel braucht man wirklich? Das sind Fragen, die für mich immer total natürlich waren. Deshalb fingen mein Mann und ich auch an zu containern – also Lebensmittel aus der Supermarkt-Mülltonne wieder herauszuholen. Sie werden weggeworfen, weil die Regale zu voll sind, das Essen zu nah am Mindesthaltbarkeitsdatum ist oder das Obst und Gemüse kleine Mängel hat. Eineinhalb Jahre containerte ich ausschließlich. Einkaufen ging ich nur für Nudeln oder Reis, die man nicht im Container findet. Wie viele Gemüsepfannen ich aß, um das alles zu verarbeiten!

Die Tüten und Kisten transportierten wir auf dem Einrad ins Studentenwohnheim und teilten sie dort mit den anderen. Sogar auf unserer Hochzeit gab es containertes Essen. Mein Mann Thomas wuchs auch so auf, dass man nichts verschwendet. Das war eher schwäbisch-sparsam, während das bei mir aus der Not heraus kam. Bei uns beiden führte das zu einem Bewusstsein, dass die Dinge ihren Wert haben und nicht selbstverständlich sind.

Einmal war der Container ein Drittel voll mit Schokoladentafeln, verschiedene bekannte Marken. Wenn man sich überlegt, wo der Kakao angebaut wird! Da werden Leute ausgenommen, dann wird das alles in Plastik eingeschweißt, um die halbe Welt geschifft und hier weggeschmissen. Das ist doch krank.

Wir hörten dann irgendwann mit dem Containern auf und entdeckten Foodsharing für uns, weil Thomas mit seinem Lehramtsstudium auf eine Verbeamtung hoffte – dazu musste sein Führungszeugnis sauber sein. Containern ist Diebstahl. Auf das Supermarktgelände zu gehen gilt als Hausfriedensbruch. Das steht in keinem Verhältnis. Es ist schlimm, was da alles im Müll liegt. Es sollte nicht bestraft werden, wenn jemand das retten will. Uns wurde es dann aber einfach zu riskant.

Beim Foodsharing stiegen wir kurz nach der Gründung in München ein. Man kann darüber offiziell aussortierte Lebensmittel bei Supermärkten, Bäckereien, Märkten und Messen abholen, die sonst in die Tonne wandern würden. Kistenweise Brot und Gemüse, jeden Tag.

An unserem neuen Wohnort gibt es leider noch kaum Betriebe, die mitmachen. Wir haben auch nicht mehr so viel Zeit, um Lebensmittel abzuholen oder neue Betriebe anzufragen. Es ist sehr schade, dass wir jetzt so viel Essen kaufen, das wir viel lieber aus der Tonne hätten. Nicht nur wegen des Geldes. Es würde auch Plastikmüll vermeiden, Transportwege, Wasser. Aber unsere Energie reicht dafür gerade einfach nicht. Als Alternative wollen wir es jetzt mit einer solidarischen Landwirtschafts- und Versorgungsgemeinschaft probieren.

Unsere Grundüberzeugung ist die gleiche geblieben, aber wir haben keine Kapazität mehr, selbst viel zu tun. Das liegt nicht an falscher Prioritätensetzung. Ich bin einfach um jede Minute froh, in der ich nicht mit den drei Kindern allein bin. Wir sind gerade sehr auf uns selbst fixiert, was vielleicht egozentrisch klingt, aber so meine ich es nicht. Wir brauchen in unserer aktuellen Lebensphase viel Energie. Thomas ist neu im Job und die Kinder sind noch nicht in der Schule.

Trotzdem macht es mich traurig, dass jemand, der uns nicht kennt, gerade von außen gar nicht sehen kann, was uns wichtig ist und wofür unser Herz schlägt. Wir wohnen jetzt in einer Doppelhaushälfte. Vor der Tür steht ein schickes E-Lastenrad. Klar, wir haben kein Auto, aber wer weiß das schon?

Ein Riesenthema ist für mich persönlich, wie meine Kinder lernen, mit Besitz umzugehen. Es ist nicht nur der Konsum selbst, sondern auch wie die Persönlichkeit dadurch geprägt wird. Es ist ein Dilemma, in dem ich stecke. Wir haben ja alles! Mir war als Kind dagegen immer sehr bewusst, dass materieller Besitz nicht selbstverständlich ist.

Natürlich ziehe ich immer noch Klamotten an, die ich secondhand gekauft habe, aber sie sehen oft wie neu aus. Und wir tun viel dafür, gebrauchte Sachen zu benutzen und Dinge aufzubrauchen. Aber trotzdem haben wir solch einen Überfluss. Die Kinder haben gar keinen normalen Bezug dazu, was Dinge wert sind. Und ich kann ihnen das auch nicht vermitteln, indem ich sie künstlich kurzhalte, obwohl es nicht nötig ist. Ich hoffe, sie lernen es trotzdem. Daran, wie wir in der Familie reden, auf eine natürliche Weise. Aber sicher bin ich mir nicht.

Wenn man keine Ziele hat, ist das schlecht fürs Leben, glaube ich. Wenn es nichts gibt, wofür man zu kämpfen braucht. Es ist ein zeittypisches Problem, dass man alles immer und überall kriegt, und wenn es einem in Blau nicht gefällt, kann man es auch in Pink-Glitzer haben, selbst wenn es nur Straßenkreide ist. Das finde ich blöd, aber ich kann es auch nicht ändern, und ich will auch nicht so tun, als gäbe es das alles nicht. Das wäre ja auch komisch.

Ich habe noch keine richtig gute Lösung dafür, wie ich meinen Kindern mein inneres Leben und meine Überzeugungen sichtbar machen kann. Ich denke inzwischen, es ist gut, mit ihnen viel in der Natur zu erleben, damit sie merken, wie schön es ist, draußen zu sein. Dann vermisst man die materiellen Dinge nämlich gar nicht.

»ICH HABE GELERNT
ZU VERSTEHEN,
DASS ES IMMER EINEN
GRUND DAFÜR GIBT,
WIE EIN MENSCH
GEWORDEN IST.«

WAS MUSS MAN IM LEBEN EIGENTLICH LERNEN?

Interview mit Dr. Markus Müller über Alter, Schwäche und gelungene Krisenbewältigung

So richtig Lust haben wir nicht, darüber nachzudenken, wie es sein wird, wenn wir alt sind. Wie werden wir auf das Leben zurückschauen? Werden wir die garstige Nachbarin sein, die spielende Kinder beschimpft? Die jammernde Alte im Wartezimmer? Oder fahren wir im Hühnerstall Motorrad? Wer ein hoffnungsvoller, froher alter Mensch werden möchte, sollte schon Jahrzehnte vorher die Weichen dafür stellen, empfiehlt Dr. Markus Müller. Er arbeitet als Heimpfarrer im Zentrum Rämismühle in der Schweiz mit alten, sehr alten und sterbenden Menschen. Er liebt es außerdem, über die Zukunft nachzudenken – und sie zu gestalten. Wir wollen mit ihm darüber reden, ob und wie es gelingen kann, versöhnt mit unserer Lebensgeschichte und positiv durchs Leben zu gehen, statt im Alter bitter und

resigniert zu sein. Markus Müller, Jahrgang 1955, Autor mehrerer Bücher, hat viele Menschen am Ende ihres Lebens begleitet und ist ein scharfer Beobachter.

Dr. Müller, Sie arbeiten als Begleiter und Seelsorger mit sehr alten und sterbenden Menschen. Oft ist man im Alter mit dem konfrontiert, was man nie sein wollte, nämlich hilfsbedürftig und schwach. Und dann hat man auch noch viel Zeit, über vergangene Fehler nachzudenken. Wie hält man das überhaupt aus?

Wieso ist der erste Gedanke das Schwierige? Es gibt so viele Kostbarkeiten des Älterwerdens, die ich faszinierend finde. Ich verstehe Ihre Frage. Aber mir käme im Zusammenhang mit dem Alter nicht als Erstes Demenz, Windel oder Hörgerät in den Sinn, sondern die Erfahrung, der Reichtum an Einsichten, das Bewältigen von Nöten im Lauf des ganzen Lebens. Dass das mit dem Älterwerden kein Kinderspiel ist, ist sonnenklar. Aber ich würde mal sagen, 80 Prozent der älter werdenden Menschen sind froh, dass sie älter werden dürfen.

Welche Erfahrung oder Wahrnehmung hat Sie im Zusammensein mit alten Menschen am meisten überrascht?

Dass das Älterwerden keine Überraschung ist, sondern eigentlich eine Fortsetzung des Eingeübten. Wer gelernt hat, Schwierigkeiten zu bewältigen, tut sich leichter, im Alter mit bestimmten Verletzlichkeiten und Einschränkungen zurechtzukommen. Wer hingegen gelernt hat, bei Krisen immer die Zähne zusammenzubeißen oder Fluchtmechanismen zu ergreifen, sich zurückzuziehen, Mitleid zu erregen oder zu jammern – bei dem wird sich das verstärken.

Wie wird man jemand, der gut mit Schwierigkeiten zurechtkommt?

Wenn Menschen gelernt haben, Krisen aktiv zu bewältigen, ist das ein riesiger Vorteil. Viele haben eher eingeübt, sie unter den Teppich zu kehren und weiterzugehen. Gestern hat mir eine Frau erzählt, sie habe sich immer zurückgezogen, wenn es in der Ehe einen Konflikt gab. Aber ihr Mann bestand aufs Reden. Sie hat es durch ihn gelernt. Ihr Mann ist inzwischen gestorben. Seinen Tod verarbeitet sie nun, indem sie über Gutes und weniger Gutes redet.

Es scheint manchmal so, dass manche Leute lebenslustig geboren werden, während andere so auf die Welt kommen, dass sie das Glas immer halb leer sehen. Ist es Genetik, Prägung oder Entscheidung?

Die Disposition spielt eine Rolle. Aber das Entscheidende ist nicht die Disposition, sondern wie man mit ihr umgeht. Ich glaube, man kann immer etwas verändern. Wenn nicht die Vergangenheit, dann die Zukunft, und zwar dadurch, wie man auf die Vergangenheit schaut. Dadurch werden Prägungen durchbrochen. Wie wir sind, ist nicht Schicksal. Wir können etwas tun, sogar im hohen Alter. Notfalls ist es einfach eine andere Sichtweise des Vergangenen oder Künftigen.

Was ist entscheidend, damit man gut alt werden kann?

Versöhnung halte ich für elementar. Das Unversöhnte ist ein Killer für gesundes Altern. Und mit Versöhnung meine ich nicht nur Versöhnung mit Menschen, mit denen man querlag. Sondern auch Versöhnung mit der eigenen Lebensgeschichte. Manche Menschen machen Gott Vorwürfe: Wieso durfte ich nicht? Wieso konnte ich nicht? Wieso musste ich das? Es braucht gelegentlich eine Versöhnung mit Gott und den Wegen, die er geführt hat.

Was sind das beispielsweise für Erfahrungen, wo Versöhnung nach vielen Jahren noch nötig ist?

Von den älteren Leuten, die ich kenne, lagen 15 bis 20 Prozent mit ihren eigenen Eltern quer bzw. meist umgekehrt, im Sinne von: waren nicht erwünscht, nicht wie gewollt. Wunderbar, wenn sich jemand auf den Weg der Versöhnung mitnehmen lässt. Es geht.

Kann Versöhnung immer gelingen, oder gibt es auch Päckchen, die man nicht loswird?

Es gibt aus meiner Sicht kein Päckchen, das schicksalhaft ist. Es gibt aber Dinge, die Leute nie ganz loswerden. Oft sind das Erfahrungen von Verfolgung. Zurzeit ist ja die Kriegsgeneration im Pflegeheim. An den Erlebnissen an sich kann man nichts ändern. Die waren so. Allerdings kann jeder Mensch seine Sicht und seine Deutung dieser Ereignisse revidieren. Ich begleite Menschen, die mit 80 wirklich noch mal neu anfangen. Das ist einfach phänomenal. Meine Erfahrung ist, dass es schwierig ist, einfach mal eine halbe Stunde darüber zu reden. Da wird es nie um Ratschläge gehen, sondern um die Verarbeitung traumatischer Erfahrung. Wenn jemand wirklich möchte und eine gute Ansprechperson hat, erlebe ich, dass viel möglich ist.

Was braucht es noch zum mündigen Älterwerden?

Das Zweite ist mit Sicherheit die Sinnklärung. Woran mache ich meinen Sinn fest? Sind das die Tätigkeiten, Äußerlichkeiten, der Status, das Amt, das ich habe, die Anerkennung, die ich kriege? Sinn heißt, sein Denken, sein Reden und sein Handeln in einen größeren Horizont zu stellen und einen Beitrag dazu zu geben, dass dieser Horizont Wirklichkeit wird. Fast zeitgleich wird in diesem Zusammenhang die Frage der Identität wach: Wer bin ich eigentlich? Woran mache ich meinen Wert fest? Es gibt viele 70-Jährige, die sich wertlos fühlen, weil sie merken, was sie alles nicht mehr können. Deswegen finde ich, wir sollten schon sehr früh miteinander üben, unseren Wert nicht in den äußeren Dingen, nicht in der Leistung, nicht im Können, sondern in unserer Person zu finden.

Krisen und Brüche – werden die mit den Jahren größer oder verblassen sie?

Man wird in dem Lebensstil älter, den man gepflegt hat. Menschen sterben so, wie sie gelebt haben. Auch in der Demenz: Die kognitive Kontrolle wird schwächer. Und dann kommt – ob ich will oder nicht – in der Regel heraus, was schon immer drin war, nur eben nicht mehr kontrolliert. Ich werde also so älter, wie ich das eingeübt habe – außer ich bin bereit, mich meinen Prägungen zu stellen.

Im Umkehrschluss ist es schön zu hören, dass es sich lohnt, ins Älterwerden zu investieren. Was kann man tun?

Natürlich wird schon viel in der Kindheit erworben. Zum Beispiel bei der Frage, ob jemand zu Rückzug oder Angriff tendiert. Das Ringen um Anerkennung, um einen Platz. Mit 20 gilt es, die Grundfrage zu klären, ob ich aus Dankbarkeit oder Anspruch lebe, da prägt sich ein Lebensmuster ein. Mit 30 entscheide ich: Will ich allein durchs Leben gehen oder gemeinsam mit anderen? Damit meine ich nicht, ob jemand heiratet, sondern ob andere Menschen mir ins Leben sprechen dürfen. Ich finde es sehr heilsam, ab und an zu fragen: Was fällt dir eigentlich bei mir auf? Ich möchte alle Generationen sehr dazu ermutigen, ab und zu Wahrnehmungen von außen ernst zu nehmen.

Ab 40 ist wichtig: Will ich nur die Gegenwart oder doch vor allem die Zukunft gestalten? Wie stelle ich die Weichen? Bewältige ich nur meinen Alltag, erfülle ich die Pflichten, oder komme ich zu einer Art Sinnperspektive in meinem Leben, die sogar über die Pensionierung hinaus trägt? Wie gehe ich mit Begrenzungen um? Mit Schwäche, mit Missgeschicken, mit Scheitern? Man muss es ja nicht jeden Tag thematisieren. Aber wer sich darüber unterhalten kann, hat viel gewonnen. Und bei Fünfzigjährigen spüre ich stark die Frage: Lebe ich versöhnt? Oder lebe ich mit einem Rucksack voller Vorwürfe? Und so rutschen wir dann plötzlich ins Älterwerden – versöhnt oder unversöhnt, im Frieden oder Unfrieden, zuversichtlich oder voller Ängste.

Ab wann wird man alt?

Mit 46 Jahren beginnt nach meinem Dafürhalten das Älterwerden auch in unserem Bewusstsein, das kann man statistisch nachweisen. Es ist außerdem der Tiefpunkt der Lebenszufriedenheit insgesamt, wie eine Studie aus 72 Ländern ergab. Manchmal kommen dann erste ärztliche Hinweise: Passen Sie an dieser Stelle auf, beim Blutdruck oder so. Natürlich sagt noch niemand, dass er alt ist. Und trotzdem hilft das Bewusstmachen, dass man auf eine nächste Lebensphase zugeht. Und da ist nicht immer alles schneller, schöner, besser. Aber da gibt es vielleicht noch ganz andere Dimensionen. Im Hinblick auf gesundes Altwerden entscheidet sich viel zwischen 50 und 65.

Ein Thema, das uns im Alter sicher begegnet, ist Begrenzung. Wie ist der gesellschaftliche Umgang damit in der heutigen Zeit?

Schrecklich. Unsere Gesellschaft hat 400 Jahre lang gelernt, die eigenen Geschicke immer besser und schneller selbst in die Hand zu nehmen, die Ewigkeit hat dabei immer mehr an Bedeutung verloren. Das hat dazu geführt, dass der Mensch letztlich alles in sein Leben hineinstopfen will, weil es ja kein Danach mehr gibt. Die Folge dieses Denkens: hoffnungslose Überforderung und Unfähigkeit, mit Schwäche, weil ungeübt, umzugehen.

Man merkt mit 60 oder 70, wie viel noch nicht geworden und gelungen ist, und dann kommt Schwäche als Kontrapunkt. Ich selbst bin jetzt 65, ein Kind der Nachkriegszeit. Ich kenne auf existenzieller Ebene nur das Besser, Schneller, Schöner, Angenehmer, Höher. Mir hat niemand beigebracht, wie ich mit meinen Begrenzungen umgehen kann. Das hat die Gesellschaft in den vergangenen Jahrzehnten versäumt.

Wie sieht die spontane Reaktion auf Begrenzung und Schwäche meist aus?

Das ist bei Frauen und Männern unterschiedlich. Frauen tun sich in der Regel leichter, darüber zu reden. Männer gehen seltener zum Arzt, sie trainieren wie die Verrückten im Fitnessraum. Sie sprechen generell eher nicht über Begrenzung und Schwächen. Ich würde sehr dazu ermutigen, hier den Kontrapunkt zu unserer Gesellschaft zu setzen. Mündig und glücklich bin ich nur, wenn ich zu meinen Schwächen Ja sage. Das ist zentral.

Wie prägt diese Sicht auf Begrenzung den Glauben?

Gott hat ein Herz für die Schwachen. Dem kranken Apostel Paulus sagt er: »Meine Gnade ist alles, was du brauchst. Meine Kraft zeigt sich in deiner Schwäche« (2. Korinther 12,9). Das finde ich einen phänomenalen Satz, den wir inhalieren müssen. Wenn wir nämlich immer stark sein wollen, dann nehmen wir Gott die Chance, dass er in uns stark sein kann. Gott gebraucht unser irdisches Gefäß mit Kratzern, Spalten und Rissen.

Wir beten aber oft um Heilung und darum, dass es gut wird, dass wir gesund werden.

Ja, genau. Und deshalb habe ich da ein Fragezeichen. Ich weiß, das kann überheblich klingen, das möchte ich nicht. Wenn ein Mensch leidet, dann leidet er. Und es ist mehr als verständlich, wenn er sagt: »Herr, nimm mir das doch weg.« Dennoch kenne ich wirklich eine ganze Reihe von Menschen, die über kurz oder lang gesagt haben: »Meine Krankheit wurde nicht geheilt. Aber etwas in meiner Seele wurde heil. Und das schätze ich mehr als meine äußere Gesundheit.« Und wenn wir schon beim Alter sind: Spätestens die Bitte »Heile mich vor dem Älterwerden« wird Gott nicht erfüllen. Deshalb sollten wir viel mehr miteinander üben, gut und mündig mit Begrenzungen und Schwäche umzugehen.

Darf man dennoch immer beten, dass man gesund wird? Und was, wenn Gott diese Bitte nicht erfüllt?

Es ist eine Spannung. Biblisch gesehen würde ich stets daran festhalten: Gott kann immer. Und er hat ein Herz, uns Schmerzen wegzunehmen. Aber er hat die Souveränität, dazu auch Nein zu sagen. Und weil er diese Souveränität hat, würde ich gern sagen: »Herr, du darfst entscheiden. Ich bitte dich um Heilung, aber du musst nicht.«

Paulus bittet Gott dreimal, den Pfahl aus seinem Fleisch zu nehmen. Wenn es um mich geht, möchte ich mich mit diesen drei Mal begnügen. Wenn andere für mich beten, dann ermutigt mich das sehr. Aber ich möchte eigentlich den größten Teil meiner Energie dafür einsetzen, mündig damit umzugehen – ob das jetzt eine chronische Krankheit oder eine andere Belastung ist. Das fängt damit an, wie ich darüber rede: bloß ein Übel oder eine Chance, die ich zusammen mit anderen bewältige?

Wenn schon Krise, dann soll sie wenigstens etwas Gutes bringen, dann wollen wir stärker, reifer, tiefer daraus hervorgehen. Ist diese Hoffnung berechtigt?

Wir sind an vielen Stellen Kinder unserer Zeit, und die hat die Maxime: Alles Schwere muss ein Ende haben, und zwar je schneller, desto besser. Schweres ist ein Tunnel, und wir gehen mit möglichst hoher Geschwindigkeit hindurch. Und, eng damit verbunden: Wenn es schwer ist, dann muss es wenigstens zu etwas nütze sein. Ich glaube, dass Jesus uns einen kindlichen Glauben ans Herz legt. Und deshalb gibt es Krisen, bei denen nur er weiß, wozu er sie uns gegeben hat. Ich meine, es braucht auch da eine Versöhnung. Eine Versöhnung damit, dass ich nicht verstehe, wozu, warum, mit welchem Ziel oder Nutzen geschieht, was ich jetzt erlebe. Und Reife bedeutet auch eine gewisse Selbstvergessenheit. Kann ich es lassen, über mein Problem zu reden? Und kann ich zulassen, dass es Dinge gibt, die ich nicht verstehe? Reifer Glaube heißt immer auch selbstvergessener Glaube.

Das Ende des Lebens ist oft eine harte Wegstrecke. Was tröstet die alten Menschen, mit denen Sie reden?

Ich glaube, dass der Mensch ein Zukunftswesen ist. Der entscheidende Trost ist deshalb, eine Zukunft zu haben, eine Vorstellung davon, was mich erwartet. Nicht nur vor dem Tod, sondern nach dem Tod. Und da finde ich die biblische Botschaft einzigartig.

Neulich hat mich eine Frau gefragt, ob der Herr Jesus ihr im Himmel wohl eine Einzimmer- oder eine Dreizimmerwohnung vorbereitet, das war wenige Stunden, bevor sie starb. Im Johannesevangelium sagt Jesus, dass er zum Vater geht, um uns eine Wohnung zu bereiten. Denn er will, dass wir sind, wo er ist. Das hat die Frau gewusst. Und das bedeutet es für mich, getröstet sterben zu dürfen.

Wie redet man mit Menschen über den Tod, die nicht an die Auferstehung glauben?

Ich persönlich frage oft: »Wie stellen Sie sich das nach dem Tod vor?« Dann antworten viele: »Hm, das habe ich mir noch nie überlegt«, oder: »Da gibt's doch nichts.« Und dann sage ich: »Angenommen, da gäbe es was. Mit wem würden Sie gern die Ewigkeit verbringen?« Interessant, dass jeder Mensch dazu Vorstellungen hat. Wenn ich aber komme und sage: »Haben Sie sich die Frage nach Gott schon gestellt, damit Sie nicht in die Hölle kommen?«, dann gehen alle Rollläden herunter. Das verstehe ich. Aber mal gefragt zu werden, wie man seine Zukunft verbringen will, ist eine absolut befreiende Frage. Und ich glaube, die christliche Gemeinde müsste neu lernen, mit diesen Letztfragen in der Gesellschaft unterwegs zu sein.

Was fehlt den Christen da?

Wir haben viele gute Seelsorger in christlichen Kreisen. Trotzdem sind wir sehr ungeübt darin, mit Menschen über die letzten Fragen des Lebens zu reden, die mit dem Glauben nicht viel anfangen können. Aber das heißt ja nicht, dass sie die nächsten Wochen oder Monate nichts damit anfangen können werden. Wir sollten alle lernen, über die letzten Dinge zu reden, über das Leben vor dem Tod und nach dem Tod. Und das setzt ein eigenes, mündiges Älterwerden voraus. Deswegen ist es das Gebot der Stunde, dass wir vermehrt den Mut haben, einander zu helfen, älter zu werden.

Oder auch bei uns selbst damit anfangen.
Älterwerden ist das Beste, was einem passieren kann. Man stelle sich mal vor, man müsste hundert Jahre genauso alt bleiben, wie man jetzt gerade ist.

Stimmt, das möchte man irgendwie nicht.
Deshalb ist es doch tausendmal besser, älter zu werden. Und weil man es sowieso wird, kann man es doch aktiv angehen. Sich überlegen, wie!

»KANN ICH ZULASSEN,
DASS ES DINGE GIBT,
DIE ICH NICHT VERSTEHE?
REIFER GLAUBE HEISST
IMMER AUCH SELBST-
VERGESSENER GLAUBE.«

»WIE LANGE MUSS ICH NOCH DURCHHALTEN?«

Von richtig üblen Schwangerschaften

Veronika Lohmer singt Gottes Segen über das Land, die Arme ausgebreitet, weiter Blick, wehendes Haar. Über 3,3 Millionen (Stand April 2022) Klicks hat das Video des Liedes »Der Herr segne dich«. Sie ist Sängerin, Lobpreisleiterin und war von Anfang an beim Gebetshaus Augsburg dabei. Sie sieht frei aus in diesem Video, schön, schwerelos. Ihre Leidenschaft ist es, Jesus 24/7 anbeten zu können. Hier erzählt sie von Zeiten, in denen ihr 24/7 schlecht war – monatelang.

Wir treffen uns im Gebetshaus Augsburg. Die Söhne Immanuel und Elia sind im Kindergarten, die Eingewöhnung von Elia ist gerade geschafft. Diese Zeit nutzen wir – solange es noch Kinderbetreuung gibt, der zweite Corona-Lockdown naht gerade, und bis Baby Nummer 3 seinen Geburtstermin hat, sind es auch nur noch sechs Wochen. Nach Jungsmama sieht Veronika Lohmer irgendwie nicht aus. Zart und mädchenhaft wirkt sie, trotz der Babykugel. Und ja, ein Mädchen wäre nach zwei quicklebendigen Jungs bestimmt auch schön gewesen. Aber dann wiederum sind ihre Schwangerschaften allesamt sowieso nicht so verlaufen, wie Veronika Lohmer sich das gewünscht hätte.

Riesige Freude. Die verspürten mein Mann und ich, als wir feststellten, dass ich mit unserem ersten Kind schwanger war. Ein paar Tage später lag ich im Krankenhaus. Ich musste mich ständig übergeben, konnte einfach gar nichts mehr bei mir behalten. Eine Woche verbrachte ich damals dort. Und die Monate bis zur Geburt schaffte ich es nur mithilfe von Tabletten. Bei jedem Versuch, sie abzusetzen, hing ich wieder über der Kloschüssel und erbrach. Ich war so verzweifelt, weil kein Ende in Sicht war. Ich spuckte bis zu dem Tag, an dem Immanuel auf die Welt kam.

In dieser ersten Schwangerschaft hatte ich aber nicht nur mit der Übelkeit, sondern auch mit mir selbst zu kämpfen. Ich war oft so sauer und überfordert. Ich erlebte krasse Emotionen und tiefe Bedürfnisse. Aber gerade in dieser Schwächezeit lernte ich, dass meine Emotionen okay sind und sein dürfen. Wenn ich ihnen eine Berechtigung und einen Platz gebe, habe ich dadurch eine ganz andere Möglichkeit, mit ihnen zusammen vor Gott zu kommen, ohne ein gespaltenes Verhältnis dazu zu haben.

Bis dahin kannte ich das eher so: Du kommst vor Gott, um ihn zu loben und zu preisen. Und wenn es dir selbst mal nicht gut geht, dann stellst du dich im Glauben auf die Wahrheiten, die du kennst. Die etwas dunklere Seite lässt du lieber vor der Tür. In meinen Schwangerschaften lernte ich Gott von einer anderen Seite kennen. Er sagte: »Diese schwache Vroni habe ich schon lange angenommen. Ich habe sie schon lange erwählt und umarmt – im Gegensatz zu dir. Du hast keinen Frieden mit der Vroni, die überfordert oder wütend ist. Finde deinen Frieden mit ihr.«

Ich nahm es als Anklopfen Gottes wahr: »Darf ich dir an deinen wunden Punkten begegnen?« Ich lernte Seiten an ihm kennen, denen ich sonst nie begegnet wäre. Und ich schaffte es nach und nach, auch diese unliebsamen Teile von mir anzunehmen. Als ich dann wieder vor Gott kam, erlebte ich seine Annahme, Versorgung und Liebe noch einmal anders, auch körperlich – weil ich selbst anders war. Für mich war die größte Lektion zu lernen: Alles in mir darf in seiner Gegenwart sein. Er kommt mit allem klar. Das brachte auch meine Beziehung zu ihm auf ein anderes Niveau.

Als Immanuel auf der Welt war, merkten wir schnell, dass er ein sehr bedürftiges Baby war. Eines, das ich in seinem ersten Lebensjahr kaum ablegen konnte. Meine Welt wurde immer kleiner und enger. Und meine Sorgen und Ängste immer größer. Ich fühlte mich oft allein und fragte mich, was eigentlich aus meiner Zeit mit Jesus geworden war. Es war ein krasser Szenenwechsel von einem Leben im Traumjob hin zu dieser Einengung, nur noch für dieses kleine Wesen da zu sein.

In einem Urlaub blickte ich auf meinen Kleinen und hatte das deutliche Gefühl, dass es sehr gut für ihn wäre, ein Geschwisterchen zu haben. Wir wollten eigentlich von Anfang an mehrere Kinder haben, aber diese Erfahrung war für mich wie eine Herzensbestätigung. Die zweite Schwangerschaft verlief dann auch einfacher als die erste. Aber als unser Sohn Elia da war, rutschte mein Mann in einen Burn-out und war sechs Wochen lang in der Klinik. Und ich war viel allein mit den beiden Kleinen. Ich bin ein introvertierter Mensch und tanke eigentlich gut auf, wenn ich allein bin. Aber eben nicht auf diese Weise.

In Phasen der Schwäche sehne ich mich nach Nähe. Weil mich in diesen Zeiten schnell die Gefühle überrollen und ich denke: »Ich bin so einsam. Ich bin allein in dieser Situation. Kein anderer muss das jetzt durchstehen.« Ich wollte mich dran erinnern, dass jemand da ist, daher klebte ich überall in die Wohnung Zettel – an die Spülmaschine, über die Spüle, über die Toilette –, auf denen nur dieser eine Satz stand: »Du bist ja da.« Um mich daran zu erinnern, dass ich nicht alleine bin, und um Gott immer wieder zu sagen: »Danke, dass du da bist. Ich spüre das überhaupt nicht. Aber danke, dass du da bist.«

Außerdem hatte ich einer Freundin von mir geschrieben: »Ich gehe jetzt in eine Phase, die heikel ist. Schreib mir bitte in unregelmäßigen Abständen Nachrichten, dass ich nicht aufgeben soll.« Das machte sie treu. Sie erreichten mich immer in den Momenten, in denen ich es total brauchte.

Wir haben bei uns im Gebetshaus die Tradition, vor Geburten eine »Babyshower« durchzuführen. Aber keine klassische mit Spielen, sondern zehn Frauen treffen sich zum ausgiebigen Gebet. Sie hören darauf, was Gott in diesem Kind sieht, und schreiben es für die werdende Mutter auf. Wenn ich in meinem Alltag keine Kraft mehr hatte, holte ich diese Zettel heraus und las, was Gott über meinem Sohn aussprach. In dem Moment, wo er wieder so schrie und ich eigentlich noch gar nicht wusste, was er für einen Charakter hatte, weil er noch so winzig war. Und dann dankte ich Gott dafür: »Danke, dass du tolle Wege hast. Danke, dass ich seine Mama sein darf.« Das sind Wahrheiten, an die ich mich klammerte. Sie gaben mir in diesen Situationen Perspektive und Kraft.

Die Entscheidung für eine dritte Schwangerschaft war nicht leicht. Wie diese Übelkeit sich anfühlt, vergaß ich zwar nach den Geburten erstaunlicherweise immer wieder. Aber es war ein ganz bewusster Entschluss, mich freiwillig noch einmal in so eine massive Zeit der Schwäche zu begeben. Eine Woche nachdem wir erfuhren, dass ich mit unserem dritten Kind schwanger war, kam der erste Corona-Lockdown. Leider war auch die Übelkeit schnell wieder da.

Auch wenn es bei meiner ersten Schwangerschaft am extremsten war, konnte ich mich damals immerhin zwischendurch irgendwie erholen, mich hinlegen oder ablenken. Mit zwei Kleinkindern daheim ging das nicht mehr. Ich hätte es mir also wirklich von Herzen gewünscht, das in der dritten Schwangerschaft nicht mehr erleben zu müssen.

Für meine Verhältnisse startete ich sogar mit richtig viel Glauben. Ich sagte: »Wenn ich noch mal schwanger werde, wird mir nicht mehr so übel sein! Und wenn doch die erste Übelkeit kommt, werde ich dagegen anbeten!« Und dann hat sie mich doch wieder überrannt.

Die Übelkeit schränkt dich massiv ein. Sie drückt dich so nieder, dass du keine großen Lieder mehr singen kannst. Aber ich wollte eine Atmosphäre von Lobpreis schaffen und um mich herum einen Raum von Hoffnung und Glauben bauen. Also hörte ich mir entsprechende Lieder an, weil ich glaube, dass sie an sich die Kraft haben, etwas zu verändern.

An einem Tag hörte ich ein paar Lobpreislieder, die mich in meiner Jugend um die Zeit herum begleitet hatten, als ich Jesus kennenlernte. In einem von ihnen hieß es: »I want to love you wherever you are and wherever I am.« Also: Egal, wo du bist und ich jetzt bin, möchte ich dich lieben. Der schlimmste Ort war für mich tatsächlich unser Bad mit der Kloschüssel. Davor zu sitzen und zu wissen: Jetzt geht es gleich wieder los. Das sollte nicht mehr länger der Ort des Grauens und des Schreckens für mich sein.

Also entschied ich: Das ist jetzt mein Altar, mein Lobpreis-Altar! Wann immer ich hierherkomme, sage ich Gott, dass ich ihn lieb habe und dass ich ihm vertraue. Das kostete mich die größte Überwindung. Es widerspricht sich ja auch. Der Wut und Enttäuschung darüber, dass ich jetzt schon wieder da bin, dass es nicht endlich mal aufhört, stellte ich mein Vertrauen und meine Liebe zu Jesus entgegen. Und sagte: »In allem bist du da. In allem schenke ich dir das. Und du nimmst es nicht weniger gern an, als wenn ich im Gebetsraum oder auf der Bühne stehe und dir ein Lied singe. Wenn ich dir hier zuflüstere, dass ich dich liebe, dann ist das mindestens genauso kostbar für dich.« Und das veränderte etwas.

Ich verlor in der ganzen Zeit nie den Glauben an die Größe Gottes oder seine Versorgung. Im Gegenteil, eigentlich hatte ich eher den Eindruck, dass mein Vertrauen auf Gottes Führung in meinem Leben massiv wuchs – gerade in Phasen der Ohnmacht und dem Gefühl, keine Kontrolle mehr zu haben und es selbst nicht in der Hand zu halten. Ich wusste nicht, wie lange es gehen oder ob es morgen schlimmer sein würde als heute. Aber ich stellte fest, dass es mich zurückwarf, wenn ich dachte: »O je, bin ich erst in der siebten Woche?! Wie viele Wochen muss ich jetzt noch durchhalten?« So etwas sprengt ja auch das Hirn. Ich glaube, man ist automatisch ganz schnell in den Sorgen von morgen oder in den Ängsten von gestern.

Ich entschied mich damals dafür, nur im Hier und Jetzt zu leben – denn da kann ich gerade überleben. Ich bekam es hin, wenn ich von Tag zu Tag lebte und im

Moment blieb. Mir wurde damals auch bewusst: Uns wird ja nirgends versprochen, dass wir ein Leben ohne Leid führen werden. Wir wünschen uns natürlich, dass es möglichst easy durchs Leben geht. Aber was Gott verspricht, ist, dass er sich in diesen Phasen zeigt und sich offenbaren kann. Mein Gebet war daher: »Ich möchte das nicht umsonst durchmachen. Ich sitze jetzt in dieser Suppe drin, aber bitte lehre mich auch die Lektion, die ich daraus lernen kann.« Ich merkte in dieser Zeit, dass ich versorgt wurde, in dem Moment.

Ich lebe ganz stark in Bildern. Und ein Bild, das mir schon in vielen Lebenssituationen geholfen hat, aber besonders auch in dieser Zeit, ist das Bild aus Psalm 23, wo dem Psalmisten im Angesicht seiner Feinde der Tisch gedeckt wird. Das meditierte ich im Gespräch mit Gott häufig. Ich finde das so stark: Du bist umringt von Feinden und er sagt nicht nur: »Ich gebe dir schnell etwas zum Essen.« Sondern er deckt den Tisch und lädt mich ein: »Setz dich mal hin.« Ich darf mich sogar ausruhen. Ich werde bedient. Das ist etwas total Passives, obwohl um mich herum alles tobt, und ich erlebe Versorgung: Er führt mich zum Platz am frischen Wasser. Er stillt mein Verlangen. Wenn ich ihn habe, dann habe ich keinen Mangel, dann ist alles da, was ich brauche.

Für mich ist der größte Segen, Gott zu erleben und einen Zugang zu ihm bekommen zu können – egal, wie gut oder schlecht die Phase ist, in der ich mich gerade befinde. Und seine Freundlichkeit, Größe und Güte darin sehen zu dürfen. Ich glaube, dass ein gesegnetes Leben nicht bedeutet, dass man materiell alles hat, sondern dass der innere Reichtum größer wird. Bei mir hat das etwas damit zu tun, wie sehr ich Gott erkennen darf. Und wie stark ich mich selbst in seinen Augen sehen darf und innere Schätze gewinnen kann.

Segen bedeutet für mich zu verstehen: Er ist immer da und ich habe immer einen Zugang zu ihm. Ich hatte nie das Gefühl, dass er plötzlich nicht mehr da ist oder mich alleinlässt. Und auch im täglichen Leben zu erleben: Trotz meiner Situation versorgt er mich mit Menschen, die sich um mich kümmern.

Ohne meinen Mann würde ich das alles nicht so durchstehen. Ich fühle mich total getragen durch Sebastian, der die ganze Zeit sein Möglichstes gibt und etwas mit unseren beiden Jungs macht, sooft es irgendwie geht, damit ich mich ausruhen kann und Zeit für mich habe. Durch Corona hatte außerdem eine Freundin aus dem Eventteam des Gebetshauses während des Lockdowns plötzlich nicht mehr so viel zu tun. Sie entschied sich dafür – Lockdown hin oder her –, uns als Teil ihrer Familie zu sehen, und kam jeden Tag für zwei, drei Stunden zu uns, kochte das Mittagessen und spielte mit den Jungs, sodass ich mich eine Weile hinlegen konnte. Das war meine Rettung.

Eine andere Art der Versorgung erlebte ich dadurch, dass gerade in der Situation, in der es mir so megaschlecht ging, das Video »Der Herr segne dich« auf YouTube herauskam. Es war meine Idee gewesen, das Lied »The Blessing« von Kari Jobe zu übersetzen und das Video auf Deutsch zu veröffentlichen. Ich hatte es gehört und sofort den Impuls gehabt, dass wir dieses Lied in unserem Land brauchen könnten. Es ist ja so ein Hoffnungsschrei: Egal in welcher Phase wir gerade sind, egal, was jetzt für Unsicherheit und Angst da ist, da ist der Segen des Herrn. Eine besondere Stelle im Text, die oft wiederholt wird, lautet: »Seine Gunst sei immer auf dir und auf tausend derer nach dir, auf den Kindern deiner Kinder und den Kindern ihrer Kinder.« Das bedeutet, dass der Herr jemand ist, der über Generationen hinweg seinen Segen ausbreitet. Er ist derjenige, der ist und der war und der bleibt – auch in einer Zeit, in der alles drunter und drüber geht. Damals ging es mit Corona gerade los, war aber noch nicht so sichtbar. Es war ein starker innerer Impuls und das passiert mir normalerweise nicht so oft.

Nur eineinhalb Wochen nach diesem ersten Impuls war der Liedtext übersetzt und das Video gedreht – noch kurz vor dem Lockdown. Den ersten Teil drehten wir auf dem Dach des Gebetshauses. Alle halbe Stunde fuhr die Polizei vorbei und schaute, was wir da machten. Mir ging es während der ganzen Zeit wegen der Übelkeit überhaupt nicht gut. Anschließend fuhren wir für die restlichen Aufnahmen nach Garmisch. Auf der Autobahn war mir sterbensschlecht. Es war so hart. Gleichzeitig war es auch etwas ganz Besonders, das Lied in den Bergen zu singen. Ich wollte es so gern über diesem Land singen, über allem geborenen und ungeborenen Leben. Damit ein Segen fließt in dieser Zeit, die auf uns zukommt.

Als das Video veröffentlicht war, kamen ganz schnell eine Million Klicks zusammen. Und wir erhielten Zeugnisse, Zeugnisse, Zeugnisse. Menschen, die schrieben, dass der Song ihr Leben verändert und sie so berührt hat. Währenddessen saß ich zu Hause vor der Kloschüssel in einem komplett anderen Setting und dachte mir: »Herr, das ist so verrückt, diese Berufung zu haben, Musik machen zu dürfen. Du öffnest mir eine Bühne. Du eröffnest mir etwas, womit ich gar nicht gerechnet habe. Mein Alltag ist gerade so schrecklich. Und gleichzeitig versorgst du mich, ermutigst mich und erreichst damit Menschen.«

»ICH HABE DER ANGST EINE SCHUBLADE GEGEBEN.«

Wenn der Ehemann stirbt

Mirjam Eisele liebt Leben in der Bude. In ihrer Wohnung im Münchner Norden findet man genau das: Ihre drei Kinder toben mit ihren Freunden durch den Garten. Und die Kaffeemaschine hat einen Fulltimejob, weil dauernd einer ihrer Nachbarn, Freunde und Kollegen kurz zum Reden vorbeikommt. Netzwerken ist Teil ihres Berufs – und ihr Naturell. Sie liebt es, mit Menschen zusammen zu sein und sie zusammenzubringen. Mirjam ist 43 Jahre alt, sie arbeitet für eine Agentur des bayrischen Wirtschaftsministeriums und gründet nebenbei ein Start-up. In ihrer Gemeinde leitet sie einen Hauskreis und ist Mitglied des Vorstands. Sie hat drei Söhne. 2018 starb ihr Mann Sebastian nach zwei schweren Jahren an Krebs. Zum Zeitpunkt der Diagnose war der jüngste Sohn zwei, der mittlere vier und der älteste in der ersten Klasse.

Wir beide, Sebastian und ich, wollten mit 80 Jahren nebeneinander auf einer Bank sitzen, uns im Arm halten, glücklich, dankbar und zufrieden sein. Das war unser Traum.

Bis dahin wollten wir gemeinsam Vollgas geben: Jesus nachfolgen, Gemeinde bauen, für unsere Familien und Freunde da sein und uns einfach von nichts aufhalten lassen. Und wenn einer nicht mehr konnte, würde der andere vorrennen. So hatten wir unsere Beziehung, unsere Ehe definiert. Ich war 18, als ich Sebastian kennenlernte. In dieser Zeit schrieb ich in meine Bibel: »Nimm dir Großes vor.« Schon damals dachten wir gemeinsam groß und leiteten zusammen eine Freizeit mit 180 Kindern. Wir wollten da, wo wir sind, Menschen positiv verändern, Gottes Art weitergeben. Als Team.

Nach der Hochzeit entschieden wir uns dafür, ein offenes Haus zu leben. Das war für Sebastian am Anfang ein neuer Gedanke, weil er aus einem Elternhaus kam, in dem es wenig Besuch gab. Ich dagegen war das völlig anders gewohnt. Es war dann eine gemeinsame Entscheidung, zu der sich Sebastian bewusst durchrang: Wir wollten ein offenes Haus haben. Der Kühlschrank sollte immer voll und stets Kaffee da sein. Für uns war wichtig, dass jeder sich bei uns zu Hause fühlen konnte, und wir wollten uns nicht darüber beschweren, dass es uns zu viel wird.

Wir heirateten im Studium. Schon davor machten wir in unserer Gemeinde Programme für Studenten wie wöchentliche Treffen und Reisen und entschieden, dass uns das auch etwas kosten darf. Wir waren unter der Woche und auch am Wochenende mit den Leuten in Kontakt. Unsere Wohnung lag gleich hinter der Mensa, die Leute kamen zum Lernen oder auf einen Kaffee vorbei. Auch nach dem Studium lebten wir so weiter, mit den Jahren saßen dann eben eher Arbeitskollegen, Nachbarn, Kindergartenbekannte und Schulfreunde unserer Söhne am Küchentisch.

Mirjam und Sebastian heirateten im Jahr 2002. Und schafften in den folgenden Jahren viel von dem, was sie sich vorgenommen und erträumt hatten: Sie motivierten viele Menschen in ihrem Umfeld, begleiteten sie im Glauben und bei Lebensfragen seelsorgerlich, tranken unzählige Tassen Kaffee und bewirteten Gäste, übernahmen Verantwortung in der Gemeinde, bekamen drei Kinder, machten Karriere. Mirjam in ihrem Job in der Wirtschaftsförderung, Sebastian als Lehrer am Gymnasium und beim

Gestalten des Lehrplans für Religion an bayerischen Gymnasien. Zum Zeitpunkt der Diagnose, im Juni 2016, waren sie in der Phase, die landläufig als Rushhour des Lebens bekannt ist: betraut mit der großen Aufgabe, Familie, Glaube, Karriere, Gemeinde und Freunde unter einen Hut zu bringen. Außerdem hatten Sebastian und Mirjam ein gemeinsames Abenteuer geplant.

Wir wollten eigentlich als Familie ins Ausland gehen, das war schon lange ein Traum, und endlich wurde er konkret. Sebastian bewarb sich auf eine Stelle an einer Schule in Namibia, wo wir im darauffolgenden Januar mit unseren drei Kindern hinziehen wollten.
Dann kam der Moment, in dem mir klar wurde, dass es anders kommen würde.

Als Sebastian mir von der Diagnose erzählte, war ich ehrlich gesagt erst mal erleichtert. Weil ich zuvor schon gewusst hatte, dass irgendwas nicht stimmte. Als er nach Hause kam und sagte, die Ärztin vermute einen Tumor, wusste ich: Ich hatte mir das nicht eingebildet. Sebastian war in der Zeit davor oft müde, hatte viel abgenommen. Und das, obwohl ich ja wusste, dass ich einen sehr belastbaren Mann geheiratet hatte. Im April hatte er seinen 40. Geburtstag gefeiert und das hatte ihn unheimlich viel Kraft gekostet, was mich gewundert hatte. Er dachte hingegen, dass ich unzufrieden mit ihm sei, weil ich die ganze Zeit Dinge sagte wie: »Es kann doch nicht sein, dass du jetzt schon wieder einschläfst. Es kann doch nicht sein, dass du dir immer zu große Hosen kaufst, die dir nicht passen. Es kann doch nicht sein, dass du dich nicht interessierst für meine neue Idee.« Er dachte, der Tumor wären Bauchmuskeln.

Ich ging zunächst davon aus, dass die Sache in ein paar Wochen oder Monaten erledigt sein würde. Bis dahin würde es eine harte Zeit werden, aber wir würden das schon hinbekommen. Die Diagnose kam im Juni und in den Herbstferien, so war anfangs mein Plan, würden wir zusammen nach Holland fahren. Am Tag nach dem ersten Verdacht wurde ein MRT gemacht und wiederum am Tag darauf bekam

Sebastian den Bescheid, dass es nicht gut aussah: Der Tumor am Darm sei so groß, dass Sebastian erst einmal Chemotherapie bekomme, damit er zurückginge. Erst dann könne man versuchen, ihn operativ zu entfernen, sagten die Ärzte.

An dem Abend, nachdem Sebastian die endgültige Diagnose bekommen hatte, ging ich heulend in den Park, der zwischen unserer Wohnung und der Universität lag, und betete: »Das Ganze soll mich nicht einen Millimeter von dir wegbekommen, Gott.« Das war der Deal, den ich damals mit Gott schloss. Mir war es ganz wichtig, das so auszusprechen. Ich dachte, das Wichtigste wäre, dass ich keinen Millimeter von Gott weiche. Dann kämen wir da irgendwie durch.

In dieser Nacht traf ich diese Entscheidung, weil ich wusste, dass das jetzt einfach eine Nummer zu groß war. Und ich hatte ja für die drei Jungs wahnsinnig viel Verantwortung. Ich musste die Entscheidung treffen, an Gott dranzubleiben, wenn alles andere so ins Wanken kam.

Am Anfang fragte ich nicht danach, warum Gott das zuließ. Ich verstand es natürlich nicht, aber es brachte mich auch nicht völlig aus dem Tritt. Ich dachte damals außerdem, dass Sebastian bald wieder fit sein würde. Es würde hart werden, aber wir würden zusammen hindurchgehen.

Ich bin immer optimistisch und denke, dass man alles schon irgendwie hinbekommt. Wir waren beide belastbar und ich wusste, dass ich kämpfen kann. Dass wir den Urlaub in Holland knicken können, merkten wir erst einige Wochen später.

Trotzdem redeten Sebastian und ich von vornherein Klartext. Wir wussten, dass wir darauf achten müssen, dass in unserer Beziehung alles aufgeräumt ist und nichts zwischen uns steht. In der ersten Woche nach der Diagnose sprachen wir deshalb über alles, was bisher in unserem Leben gewesen war, wo wir uns verletzt hatten oder irgendetwas zu klären war. Das war sehr anstrengend.

Sebastian sagte schon damals klar, was er in unseren Jungs sah, was er wichtig fand. Er ließ den Gedanken zu, dass er sterben könnte. Zu dem Zeitpunkt dachte ich noch gar nicht über das Sterben nach. Es war hart für mich. Diese erste Woche war zwar anstrengend, aber auch gut, weil von da an nichts mehr zwischen uns stand. Es war alles geklärt.

Sebastian bekam im Zweiwochentakt Chemotherapie, unser ältester Sohn war in der ersten Klasse und sechs Wochen nach der Diagnose stand unser Umzug in eine größere Wohnung an. Ich musste alles planen, die Fertigstellung der neuen Wohnung mit den Handwerkern klären, die Abnahme der alten Wohnung übernehmen. Zwei Tage vor dem Umzug hatte Sebastian wieder Chemotherapie. Als er in die neue Wohnung kam, hing jedes Bild schon am richtigen Platz, dank der grandiosen Unterstützung und praktischen Hilfe von unseren Freunden. Zwei Wochen später war er für eine große Operation und die anschließende Reha insgesamt neun Wochen lang weg. Danach ging es im Zweiwochentakt mit Chemotherapie weiter.

»When life gives you lemons, make lemonade« (»Wenn das Leben dir Zitronen schenkt, mach Limonade daraus«): Eine Karte mit diesem Spruch schenkte ich Sebastian zum Geburtstag, nach einem dreiviertel Jahr Chemo. Er schrieb ihn dann groß an unsere Küchenwand. Beide waren wir der Meinung: Der Krebs ist da, wir verleugnen ihn nicht und reden ihn nicht klein. Aber er bekommt nur eine bestimmte Schublade in unserem Leben. Und da bleibt er. Er hat kein Recht, dass er uns das Glück in unserer Familie nimmt. Wer sagt denn überhaupt, dass ich nur glücklich bin, wenn ich gesund bin? Wovon hängt mein Glück ab? Ist ein gesegnetes Leben, wenn ich keine Schulden habe, wenn ich ein Haus habe, hübsche Kinder, einen gesunden Mann? Oder was ist das?

Wir entschieden relativ schnell: Wir lassen uns nicht davon abhalten, eine glückliche Familie zu sein. Der Krebs ist da, aber die Krankheit bestimmt nicht unser Leben, sondern Gott. Das war ein Perspektivwechsel, der uns bis zum Schluss half. Und mir darüber hinaus, weil ich merkte, dass das Glück nicht davon abhängt, ob man gesund ist oder nicht.

Ich erinnere mich an viele Glücksmomente als Familie, trotz Krebs. Wir waren zum Beispiel tatsächlich noch einmal in Holland im Urlaub, das wollte Sebastian unbedingt. Ich war skeptisch, er hatte da schon eineinhalb Jahre lang Chemo hinter sich und sehr wenig Kraft. Ich fuhr dann die ganz Strecke – hinten die drei Jungs, neben mir Sebastian, schlafend.

Unser Urlaub war dann anders als sonst, man würde normalerweise nie so Ferien machen. Wegen der Chemo durfte Sebastian nicht in die Sonne, weil die Haut durch das Gift sehr empfindlich wird. Außerdem durfte er wegen der Ansteckungsgefahr nicht unter Leuten sein – die Chemo schwächt das Immunsystem so, dass schon ein kleiner Schnupfen gefährlich sein kann. Deshalb konnten wir tagsüber nie an den Strand und waren im ganzen Urlaub nicht mal in einer Pommesbude. Sebastian hatte Kraft für eine Aktion am Tag – er konnte entweder einmal am Tag in den Wald fahren oder abends ans Meer, für mehr reichte es nicht. Aber so war es, und so war es toll. Wir waren viel im Wald, weil da Schatten war und sonst niemand, und bauten Lager. Die Jungs sammelten Brombeeren und kochten mit Sebastian Marmelade. Es war anders, als man sich einen Sommerurlaub vorstellt, aber wir waren glücklich.

Und als Sebastian schon sehr schwach war, lagen wir oft zu fünft zusammen im Bett. Wir konnten keine großen Aktionen mehr machen, nicht mal einen Spaziergang, aber wir redeten und verbrachten Zeit miteinander. Und spielten Uno, weil das im Liegen geht. Da waren wir glücklich. Weil er nicht mehr rausgehen konnte, luden wir die Kinder aus der Nachbarschaft freitags dazu ein, die »Sendung mit der Maus« zu schauen. Wir wussten, dass das für die Jungs wichtig war, und Sebastian konnte mittendrin sein und genoss es, dass er für viele Kinder da sein konnte.

Ich merkte relativ schnell, dass meine Beziehung zu Gott total ehrlich wurde und bis heute ist. Ich wusste, dass ich Gott nichts vormachen muss, und das wollte ich auch gar nicht. Ich musste nicht zeigen, wie toll ich bin, was ich alles glaube und wie gut ich dastehe. Wenn es stimmt, dass Gott groß ist und er regiert, kann ich ihm auch Sachen an den Kopf knallen, ohne dass er einknickt oder beleidigt ist. Ich wusste, ich muss mich nicht an bestimmte christliche Vorstellungen halten, wie man etwas macht. Es ging nur um die Basics, um die Beziehung zwischen mir und Gott. Da bröckelte ganz viel ab, von dem ich dachte, dass man das so macht. Was ich gelernt hatte, wie man sich verhält. Das war nicht mehr da. Sondern nur noch Jesus und ich.

Zum Beispiel konnte ich zu Jesus sagen: »Du bist wirklich ein Vollpfosten.« Das hätte ich davor nie gesagt. Aber ich wusste, dass er das mit mir aushält und dass ich ihm das so sagen darf, weil ich es in dem Moment so empfinde. Ich war oft wütend. Es hat mir wahnsinnig wehgetan, Sebastian leiden zu sehen. Wie er sich durch den Flur quälte und aufs Klo schleppte. Natürlich machte mir das etwas aus. Natürlich war ich sauer und sagte: »Jesus, ich verstehe nicht, warum du diese Schmerzen bei Sebastian zulässt. Warum er da durchgehen muss.« Ich merkte in dem Ganzen aber auch, dass Gott viel größer, souveräner und großzügiger mit uns ist, als wir uns das vorstellen. Dass Gott auf das Herz sieht und nicht darauf, wie man sich manchmal verhält. Oder wie man betet, wie man Lobpreis macht, wie man sich in die Gemeinde einbringt, welche Formulierung man verwendet – das ist total egal.

Als ich betete, dass ich keinen Millimeter von Gott wegkommen möchte – nach dem Tod betete ich das auch noch mal –, hatte ich das Gefühl, dass Gott genau diese Gebete ernst nahm und ich seine Nähe spüren durfte. Ich konnte gar nicht daran zweifeln, dass er da ist und dass er mich versorgt. Er hat verheißen, dass er sich um die Witwen und Waisen kümmert. Und darauf nagelte ich ihn dann fest. »Dann mach's auch«, sagte ich. »Das ist jetzt dein Job. Das ist jetzt nicht mehr meine Verantwortung. Du hast es zugelassen, also kümmere dich darum. Ich erwarte, dass du ein Vater für diese Kinder bist – mach es auf deine Art. Dass sie auch an dein Vaterherz kommen.«

Und Gott kümmerte sich. Meine Erfahrung ist: Wenn ich zulasse, dass Gott mich auf seine göttliche Art versorgen darf, dann erlebe ich seine Versorgung. Wenn ich aber vorgebe, wie diese Versorgung aussehen muss, weil meine Vorstellungen so festgefahren sind, kann das auch in einer Sackgasse enden.

Letztes Jahr war ich zum Beispiel auf einer Familienfreizeit. Und es zerriss mir das Herz: Da waren all diese Väter und spielten mit ihren Kindern. Und daneben ich mit den drei Jungs, die keinen Papa hatten, der mit ihnen kickt und sie durch die Luft wirbelt und Späße macht. Ich betete: »Gott, ich erwarte, dass du ein Vater für diese Kinder bist, mach es auf deine Art.« Am Ende der Freizeit waren die Jungs so erfüllt. Es hatte ihnen an nichts gefehlt. Aber ich hatte meine Vorstellungen loslassen müssen.

Heute merke ich: In vielen Bereichen bin ich wirklich nicht zu kurz gekommen. Zum Beispiel finanziell. Das ist wirklich Gnade, denn es gibt auch viele Witwen, die Geldsorgen haben. Meine Freundinnen und meine Schwester spürten immer, wenn sie einfach kurz vorbeischauen sollten. Wir waren auch in allem anderen mehr als versorgt. Aber klar ist manches anstrengender.

Mir halfen Menschen, die auch schon mal durch eine Krise gegangen sind. Menschen, die mir sagten, worauf ich achten kann oder mir praktische Tipps gaben. Natürlich gehörte dazu meine Familie. Von ihr wusste ich, dass sie sich reinhängen und 150-prozentig hinter uns stehen würde. Dann unsere engsten Freunde, die wissen, wie ich ticke, wie wir ticken und was uns guttut.

Und mir halfen Menschen, die nicht die ganze Zeit nur reden und wissen wollten, wie es mir oder Sebastian ging. Mir taten die Leute gut, die mir einfach etwas auf die Terrasse stellten, ohne ein Dankeschön von mir zu erwarten. Wie viele Hefezöpfe fand ich da, fertige Mittagessen – bis hin zu Geld, von dem ich bis heute nicht weiß, wo es herkam. Und ich hatte nicht den Druck, mich bedanken zu müssen oder in der Schuld von jemandem zu stehen. Das musste ich auch erst lernen, aber das war sehr befreiend.

Natürlich half mir auch die Gemeinde. Ich wusste, ich konnte anrufen und sagen: »Betet dafür«, oder: »Kommt!«. Unser Pfarrer war kurz nach der Diagnose da und fragte zum Beispiel gleich, ob wir ein Testament hatten. Er sagte gute Sachen, auf eine realistische, aber auch hoffnungsvolle Art und Weise. Das tat mir gut.

Es gab allerdings auch Sätze, von denen ich dachte, dass man sie verbieten sollte. »Das wird schon wieder.« Oder: »Das ist von Gott und da kannst du viel lernen.« Es gab auch Leute, die mit der Situation nicht zurechtkamen und dann hofften, dass ich sie tröste. Oder die nach einer Erklärung dafür suchten, warum Sebastian krank wurde – wahrscheinlich um sich zu versichern, dass ihnen selbst so etwas nicht passieren konnte. Geärgert haben mich auch Sätze wie: »Das ist ja so schlimm. Ich kann das nicht!« Und was soll ich damit?

Gott gibt uns nicht mehr, als wir tragen können. Ich denke, das stimmt. Aber man erlebt den Satz nur, wenn man in der Krise drinsteckt. Hätte man mir davor gesagt, dass die Krankheit zwei Jahre dauert und mit dem Tod endet, hätte ich gesagt: »Das pack ich nicht.« Aber in der Situation selbst ist es so, dass Gott einem für jeden Tag die Kraft gibt, damit man durchkommt. Aber das kann man nur im Nachhinein sagen. Ich hatte bis zum Schluss die Hoffnung auf ein Wunder, auch als ich die Fakten kannte und wusste, dass Sebastian noch maximal eine Woche leben kann. Er sagte zu mir: »Selbst wenn der Körper verfällt, mein Geist und meine Seele zerbrechen nicht daran, die gehen nicht kaputt.« Und das lebte er auch. Wenn ich nicht mehr konnte, wusste ich: Gott ist da, er ist treu, und er versorgt mich mit dem, was ich brauche. Ich war oftmals nicht im Vollbesitz meiner Kraft. Auch nicht nach dem Tod von Sebastian. Manchmal bin ich auf dem Fußboden eingeschlafen, weil ich nicht mehr konnte. Aber Gott in seiner Größe war da.

Die Angst war natürlich auch da. Zum Beispiel hatten wir beide vor der großen Operation Angst. Sebastian hatte da das Bild von den drei Männern im Feuerofen. Dass die Flammen versuchten, uns zu treffen und uns zu verbrennen, aber trotzdem würde Gott seine schützende Hand über uns halten, er würde dabei sein. Ich merkte auch, dass Angst in mir hochkroch, wenn Sebastian unruhig schlief und ich hoffte, dass wir gut durch die Nacht kamen.

So wie der Krankheit gab ich auch der Angst eine Schublade und sagte: »Da gehörst du hin, und da kommst du nicht raus.« Das half mir, denn so hatte auch die Freude wieder ihren Platz. Mir war wichtig, auch für Sebastian ein fröhlicher Mensch zu bleiben. Ich wusste, nur so konnte ich ihm helfen und ihn unterstützen.

Ich glaube, durch diese Extremsituation verstand ich besser, was ich brauche, und ich lernte, mehr darauf zu achten. Ich weiß zum Beispiel, dass es mir unheimlich guttut, Zeit mit meinen besten Freundinnen zu verbringen. Das ist eine Priorität bei mir. Wenn ich im Alltag gestresst bin und merke, dass es jetzt gut wäre, bei den Jungs zu sein, dann ist es mir egal, ob ich eine halbe Stunde zu spät zu einem Gemeindetreffen komme oder nicht. Weil ich weiß, dass es nicht darum geht, den anderen zu zeigen, dass ich pünktlich sein kann. Ich lasse auch Kritik heute nicht mehr so an mich ran. Das heißt nicht, dass ich nicht kritikfähig bin. Aber ich weiß, wer in mein Leben hineinsprechen darf. Das ist in erster Linie Gott, und dann sind das ein paar wenige Menschen.

Gleichzeitig lebe ich jetzt ehrlichere Beziehungen. Entweder packen sie es, dass ich mich in manchen Momenten nicht um sie kümmern kann, oder sie packen es nicht. Zurzeit habe ich bestimmt zwanzig Nachrichten, auf die ich noch nicht geantwortet habe. Vielen davon werde ich auch nicht mehr antworten, weil ich es einfach nicht schaffe. Es ist nicht so, dass Menschen mir gleichgültig wären, überhaupt nicht. Aber ich richte mich nicht mehr danach aus, dass ich möglichst alle Erwartungen anderer erfülle.

Wenn mich jemand in einer Lebenskrise um einen Rat bitten würde, wäre es dieser: Lass nicht locker in der Frage, wer Gott für dich ist. Und dann: Frage dich, wer dir guttut und wer dich aushält, auch wenn du in manchen Momenten nicht so einfach bist. Deshalb ist es ganz wichtig, dass man in Freundschaften investiert und sie lebt – unabhängig davon, ob man in einer Krise steckt oder nicht. Ich finde es falsch zu sagen: Jetzt ist nur die Karriere dran. Oder jetzt ist nur Familie dran. Freundschaften und Gemeinde sind das A und O. Das gilt auch ohne Krise.

Sebastian starb zu Hause, in Mirjams Armen, einige Tage nach ihrem 16. Hochzeitstag. Er wurde 42 Jahre alt.

Unser mittlerer Sohn sagte nach Sebastians Tod: »Wir haben immer gebetet, dass der Krebs besiegt wird. Jetzt ist der Krebs tot und der Papa lebt.« Die Kinder kapierten das gleich. Ich sage immer, dass wir nicht verstehen, warum der Papa sterben musste. Aber dass der Papa jetzt im Himmel ist und es ihm gut geht und er nicht mehr krank ist. Und dass Gott da ist, dass er unser Vater im Himmel ist, der uns versorgt und mit dem wir reden können. Es geht oft gar nicht ums Erklären, sondern um das Erleben, dass Gott da ist.

Bei unserem ersten Urlaub nach Sebastians Tod war ich sehr traurig und musste heulen. Aber unser ältester Sohn sagte zu mir: »Mama, jetzt ist es anders. Aber doch trotzdem schön.« Dieser Perspektivwechsel half mir oft.

An Sebastians zweitem Todestag standen wir an seinem Grab und die Jungs wollten singen: »Jesus ist der größte König, er ist Sieger. Er allein, ja er allein.« Sie sangen das so inbrünstig und voller Überzeugung, dass die Leute auf dem Friedhof angelaufen kamen, um zu sehen, was los war.

Natürlich holt es mich an Tagen wie unserem Hochzeitstag oder Sebastians Todestag ein. Im Alltag geht es ganz gut, weil die Jungs einen guten Umgang mit dem Thema haben. Sie sind manchmal traurig, aber wir können gut miteinander reden. Und dann sehen sie eher auf das, was wir alles haben und wie Gott uns versorgt. Aber sie sind Sebastian ähnlich. Und wenn ich sie mal nicht richtig verstehe und nicht weiß, was sie gerade brauchen, dann hätte ich ihn gern an meiner Seite, um mit mir zusammen die Lage zu analysieren oder eine gute Lösung zu finden. Wir waren eine Einheit und in solchen Situationen fühle ich mich wie amputiert.

In erster Linie sind es die Kinder, die mich antreiben, trotzdem weiterzumachen. Ich weiß, dass ich Verantwortung habe: Ihr Vater ist gestorben, da kann nicht auch noch die Mama durchdrehen oder eine Depression bekommen. Es darf einfach nicht sein, dass ich es psychisch oder physisch nicht mehr schaffe. Ich fragte mich deshalb gleich nach Sebastians Tod: Wie überlebe ich das? Und was brauche ich dafür?

Ich fing direkt nach der Beerdigung an, die Woche zu strukturieren. Das würde ich jedem in einer Krise empfehlen. Ich hatte oft nicht die Kraft zu überlegen, was ich jetzt brauche oder wie ich das organisieren könnte. Also hatte ich feste Termine für Sport, um Freunde zu treffen, für die Dinge, die mir guttaten.

Und es ist wichtig, sich in einer Krise nicht entmutigen zu lassen. Es braucht Zeit, neue Schritte gehen zu können. Es brauchte auch Zeit, bis wir als Familie wieder zusammenfanden und merkten: Jetzt hat jeder wieder seinen Platz.

Nach Sebastians Tod wollte ich ein Vorbild im Umgang mit der Trauer sein. Die Jungs sollen irgendwann einmal sagen können: »Mama, danke, dass du so damit umgegangen bist. Das hat mir geholfen.« Ich wollte ihnen Stärke und Stütze sein und die Trauer nicht wegschieben, sondern sie aktiv angehen und eine gute Trauerarbeit und -bewältigung haben.

Es gab keinen Tag, an dem ich mich betrank oder mich gehen ließ und dachte: »Ist mir doch alles egal.« Das wollte ich aus Liebe zu Sebastian nicht. Ich wusste, er wäre nicht damit einverstanden, wenn ich alles schleifen lasse und zerstöre, was wir zusammen aufgebaut haben. Sebastian fragte oft danach, was Ewigkeitswert hat, und danach lebten wir. Es hat mit einer Entscheidung zu tun und mit Disziplin. Ich fühlte mich nicht immer danach, Gott zu preisen. Aber es tat mir gut und half mir, wenn ich es doch getan habe. Bei mir vergeht kein Tag ohne Lobpreis. Dadurch richtet sich ganz viel innerlich aus, da räumt sich vieles auf, und das ist total wichtig.

Sebastian liebte das Leben bis zum Schluss, er war ein Freund des Lebens. Er starb, aber ich habe das Geschenk, leben zu dürfen. Also will ich es voll und zu hundert Prozent leben und das auch als meine Verantwortung sehen. Mir ist das Leben geschenkt, deshalb mache ich das Beste daraus und bin nicht sauer auf die Umstände oder das Wetter und genieße, dass wir leben dürfen. Das treibt mich an. Was für ein krasser Gedanke, dass ich lebe und Sebastian gestorben ist. Was will Gott dadurch erreichen, dass ich noch leben darf?

Die Frage nach dem Sinn von Sebastians Tod stelle ich mir schon. Aber es ist die falsche Frage, weil sie zu kurz greift. Die Frage ist eher: Was mache ich aus dieser Erfahrung? Was will ich meinen Jungs und denen, die zu mir gehören, weitergeben?

Natürlich starb Sebastian und es sieht so aus, als ob die Krankheit ihn besiegt hätte. Aber ich habe gemerkt, dass Gott eine andere Perspektive auf das Leben hat. Eine Ewigkeitsperspektive: Auf einmal kommt der Himmel auf die Erde und die Erde ist schon ein Stück weit der Himmel. Gott lebt nicht in Raum und Zeit, wie wir uns das vorstellen.

Ich dachte auch, dass Gott gesetzlicher ist. Dass er sich freut, wenn wir uns an Regeln halten. Aber ich glaube mittlerweile, dass er gar nicht so ist. Am Ende von Sebastians Leben spürte ich etwas von dem, was es heißt, wenn Gott sagt, dass er uns bedingungslos liebt. Auf unbegreifliche Art und Weise schenkte er mir bis zum Schluss diese Liebe für Sebastian, obwohl er mir da nichts mehr geben konnte. Als er sich die ganze Zeit übergab und keine große Unterstützung mehr von ihm kam, habe ich ihn doch bedingungslos und über alles geliebt, wie er war. Da merkte ich: So ist Gott. Ihm geht es nur um Liebe. Und wenn du aus Liebe heraus etwas tust, hat das Gesetz da nichts mehr verloren. Das Gesetz ist nicht falsch. Das Gesetz kann helfen. Aber es geht Gott nicht darum, ob man ein Gesetz einhält. Und deswegen bin ich jetzt viel großzügiger. Dass Gott mich so sieht und liebt, überwältigt mich immer noch und beschämt mich, und deshalb kann ich auch mit dem Ganzen umgehen. Ich merke, dass es um etwas ganz anderes geht als darum, ob ich glücklich bin oder das habe, was ich brauche.

Im Lied »Blessings« von Laura Story geht es genau darum: Wie viele Nächte habe ich durchgeheult! Aber das heißt ja nicht, dass das kein gesegnetes Leben ist. Im Gegenteil. Ein gesegnetes Leben ist ein Leben in Gottes Gegenwart und genau da will ich sein und bleiben – ich will auch weiterhin keinen Millimeter von Gott weichen, mit ihm leben und alles für seine Ehre geben.

»MANCHMAL BIN ICH
AUF DEM FUSSBODEN
EINGESCHLAFEN,
WEIL ICH NICHT MEHR
KONNTE. ABER GOTT IN
SEINER GRÖSSE WAR DA.«

WIE KÖNNEN WIR GLAUBEN, WENN UNSERE HOFFNUNG ENTTÄUSCHT WIRD?

Interview mit der Theologin Prof. Dr. Mihamm Kim-Rauchholz

Wie kann ein guter und gerechter Gott es zulassen, dass so viel in meinem Leben passiert, was ich persönlich überhaupt nicht okay oder fair finde? Hat er mich vielleicht übersehen? Sollten wir als Christen nicht alle reich, schön und gesund sein? Wir fragen jemanden, der sich auskennt: Theologieprofessorin Mihamm Kim-Rauchholz. Sie hat an der Internationalen Hochschule Liebenzell einen Lehrstuhl für Neues Testament und Griechisch. Kim-Rauchholz hat in Seoul, Tübingen und Heidelberg Theologie studiert und einige Jahre als Missionarin und Dozentin in Mikronesien verbracht. Zum Zeitpunkt unseres Interviews befindet sie sich mit ihrer Familie in Deerfield, Illinois, 40 Kilometer nördlich von Chicago. Ihr Mann ist dort derzeit Professor for Anthropology and Intercultural Studies an der Trinity Evangelical Divinity School. Sie selbst ist zum Zeitpunkt des Interviews von ihrer Professo-

rentätigkeit an der Internationalen Hochschule Liebenzell freigestellt und als Visiting Professor ebenfalls dort tätig. Es ist früher Nachmittag in Illinois, im Hintergrund übt eine ihrer drei Töchter auf der Trompete Tonleitern.

Frau Professorin Kim-Rauchholz, in Matthäus 6,33 steht: »Trachtet zuerst nach dem Reich Gottes und nach seiner Gerechtigkeit, so wird euch das alles zufallen« (LUT) Wenn wir uns für Gott engagieren, uns aber trotzdem nicht alles zufällt – was heißt das dann? Müssten wir nicht, je mehr wir uns fürs Reich Gottes einsetzen, auch mehr gesegnet sein?

Zunächst einmal heißt es im Urtext: »… dann wird euch dies alles zufallen.« Ich merke immer wieder im Gespräch mit Studierenden, dass bei vielen offenbar die Vorstellung existiert: Ich muss nur alles für Gott geben, dann wird alles andere dazukommen. Dabei bezieht sich »dies alles« aus dem Kontext heraus auf essenzielle Dinge wie Essen und Trinken oder das, was man anzieht. Es ist also kein Freibrief dafür, dass ich in den nächsten Jahren ein Schwimmbad und einen Porsche bekomme. Es sind keine Luxusgüter oder eine lange Wunschliste gemeint. Das ist schon mal eine kleine, aber wichtige Unterscheidung.

Zweitens ist das Trachten nach dem Reich Gottes kein automatischer »Do ut des«. Also kein: »Ich tue und du gibst mir.« Damit ringe ich selbst auch. Trotzdem glaube ich, dass in dieser Erkenntnis ein Schlüssel für die Beschäftigung mit theologischen Themen und Bibeltexten liegt.

Inwiefern?

Lassen Sie mich das an der Beziehung zu meinem Mann erklären: Ich wäre nie in eine Beziehung mit der Haltung hineingegangen: Ich bügle jetzt mal fleißig seine Hemden und gebe meine Karriere für ihn auf, aber dafür bekomme ich alles von ihm, was ich haben möchte. Wenn wir von echter Liebe träumen, merken wir, dass wir diese Haltung nicht als richtig oder erstrebenswert empfinden – weder in unserer Beziehung zu unseren Kindern noch zu unserem Partner oder unserer Partnerin. Wenn ich die Haltung »Ich gebe, damit ich bekomme« bei meinem Mann oder bei mir bemerkt hätte, hätte ich gesagt: Das ist keine Basis und reicht niemals für eine Ehe.

Und es ist damit offensichtlich auch keine Basis für die Beziehung zu Gott.

Wir treten in eine Beziehung zu einem Gott, der sich selbst »Liebe« nennt. Man muss sich das mal vorstellen: Gottes Wesensausdruck ist Liebe!
Und dazu gehört all das, was man sich als Liebender wünscht: zum Beispiel gemeinsam durch schlechte und gute Zeiten, durch dick und dünn, durch alle Höhen und Tiefen zu gehen. Wenn ich in einer Beziehung zu einem Menschen stehe, der mir am Herzen liegt, wenn die Liebe echt ist und wächst, kann ich für diesen Menschen alles tun. Und zwar ohne mich zu fragen, was ich dafür bekomme. Dieser natürliche Drang, darauf zu achten, was gerade für mich herausspringt, geht immer mehr zurück. Es ist ein Paradigmenwechsel, der aber absolut notwendig ist.

Lohnt es sich dennoch, wenn wir uns für Gott einsetzen?

Im Matthäusevangelium wird der Schatz im Acker beschrieben, für den es sich lohnt, alles zu verkaufen. Ich glaube, dass wir niemals einen Zugang zu diesem Schatz bekommen werden, wenn wir nicht von der Erwartung, dass wir Gott etwas geben und er dafür etwas zurückgibt, loskommen.
Ich negiere dabei nicht – und das ist mir wichtig –, dass der Lohngedanke auch in der Bibel vorkommt. Selbst beim Gleichnis vom Schatz im Acker. Aber er sollte nicht das Fundament sein.

Ich glaube, dass mir dieses Profitdenken in meiner Beziehung zu Gott überhaupt nicht guttut und mich auch auf eine falsche Fährte führt. Die Frage beim Trachten nach dem Reich ist also: Wonach trachte ich? Warum trachte ich? Kommt das aus der Liebe oder kommt das wegen der Liste von Dingen, die ich bekommen will?

Ganz viele Menschen aus meiner Umgebung beschäftigt das. Da sind zum Beispiel die Missionare, die vierzig Jahre lang alles aufgegeben haben, in ihre Heimat zurückkommen, und sechs Monate später erhält die Frau eine Krebsdiagnose und stirbt innerhalb eines Jahres. Gerade jetzt, wo sie ihre Enkelkinder in Deutschland endlich genießen könnte. Ich höre dann: »Meine Eltern haben für Gott alles aufgegeben. Und jetzt so was!« Aber da kommen wir nicht weiter. Die Frage ist eher: Was ist denn überhaupt Segen?

Haben Sie eine Antwort darauf? Was verstehen Sie unter einem gesegneten Leben?

Ich bin in meinen Begegnungen und Gesprächen über dieses Thema immer überrascht, wie breit gefächert und manchmal verquer die Auffassungen darüber sind, was ein gesegnetes Leben ist. Ich sage das vorsichtig, weil das auch Menschen sind, die ich sehr respektiere, die im Glauben stehen und die andere anleiten.

Ich persönlich habe mich dafür entschieden, dass das, was ich unter einem gesegneten Leben verstehe, auf dem basiert, was ich in der Bibel lese. Weil es mir mehr Sicherheit gibt als alles, was ich in menschlichen Gesprächen mitbekommen habe. Lassen Sie uns also in der Bibel nachsehen, was den »offiziell gesegneten« Menschen passiert ist. Dazu gehören auf jeden Fall Abraham und vor allem Jakob, der diesen Segen im wahrsten Sinne des Wortes an sich gerissen hat.

Er hat ja sogar mit Gott um den Segen gerungen.

Genau. Segen war ihm wirklich ein Anliegen. Wenn wir aber sein Leben betrachten, erkennen wir sehr wenig von dem, was wir heute unter einem gesegneten Leben verstehen: Er gerät mit seinem Bruder in Streit und muss seine Heimat unter Morddrohungen verlassen. Später arbeitet er vierzehn Jahre lang für seinen Onkel, der ihn mit Lea hinters Licht führt. Gut, er bekommt viele Kinder. Aber was die dann alles erleben mussten: Die Tochter wird vergewaltigt, es gibt Kriege untereinander, die Söhne verkaufen ihren eigenen Bruder Josef in die Sklaverei und Jakob denkt jahrelang, dass sein Lieblingssohn nicht mehr lebt. An dem Leid, das ihm widerfährt, sieht man die ganze Bandbreite dessen, was wir Leben nennen. Das Gleiche könnten wir auch über viele andere Personen aus der Bibel sagen, wie Abraham, Paulus oder Petrus. Wir merken also, dass wir Abschied nehmen müssen von unseren einseitigen Vorstellungen von einem gesegneten Leben.

Entweder bestimmt die Bibel beziehungsweise Gott, was Gesegnet-Sein ist, oder ich bestimme es selbst. Dann muss ich mich aber auch nicht wundern, dass es so willkürlich ist. Dass es nicht das ist, was ich unter Segen verstanden habe. Es ist eine Entscheidung, die ich treffe und die mir nicht leichtfällt, aber für mich gibt es keinen Segen außerhalb dessen, was Gott in mein Leben gelegt hat.

Welche Definition finden Sie anhand von biblischen Beispielen?

Wenn ich es auf den kleinsten, auf den wichtigsten gemeinsamen Nenner bringen sollte, würde ich gesegnetes Leben so definieren: Es ist ein Leben, in dem man liebt und geliebt wird. Und das sage ich nicht leichtfertig, weil Liebe nichts ist, das mir leichtfällt oder worauf ich automatisch sehr viel Wert legen würde. Freiheit, Gerechtigkeit – das sind Begriffe, die mich faszinieren! Liebe ist dagegen etwas, womit ich mein Leben lang ringe. Aber lieben und geliebt werden, das zieht sich bei Abraham, Jakob, Josef, Jesus, Johannes dem Täufer, Paulus, Petrus durch, bei all diesen gesegneten Gestalten.

Und im Blick auf Gott würde ich noch sagen: ein Leben, dem Sinn zugesprochen wird. Sinn ist nichts, was wir uns selbst zusprechen können. Sondern etwas, das von außen kommt. In der Bibel sehe ich, dass ein gesegnetes Leben unabhängig von Höhen und Tiefen bedeutet, zu lieben und geliebt zu werden. Und wenn noch ein Bonus dazukommt, dann ist es, Sinn zugesprochen zu bekommen für das Leben, das ich gelebt habe und noch lebe.

Das Leben nimmt immer wieder unerfreuliche Wendungen. Wie verstehen Sie diese? Lässt mich Gott durch diese Tiefen gehen, damit ich etwas daraus lerne? Oder gibt es auch einfach schwierige Erfahrungen, die wir erleben, mit denen Gott nichts zu tun hat?

Damit sind wir schon mitten in den Lösungsansätzen der Theodizee-Frage. Leid ist etwas Universelles. Es ist auch transhuman – es geht über das Menschliche hinaus. Die Schöpfung leidet ja auch. Aber während Leid etwas Universelles ist, ist die Theodizee-Frage etwas spezifisch Christliches. Nur wir Christen stellen sie, da wir davon ausgehen, dass Gott allmächtig ist, dass er gut ist und dass er für mich ist. Dabei ist aber das Problem, dass die Bedeutung dessen, was »für mich« für Gott heißt und was ich unter »für mich« verstehe, in der Lebensrealität auseinandergehen kann.

Philosophen und Theologen versuchen schon seit Tausenden von Jahren, anhand verschiedener Erklärungsansätze die Thematik zu erörtern. Es gibt zum Beispiel den pädagogischen Ansatz: Man lernt etwas daraus. Oder den ästhetischen Ansatz: Das Dunkle ist notwendig, um das Schöne zu sehen, das Üble ist notwendig, um das Gute zu erkennen. Oder es gibt den Straf-Ansatz. All das sind Versuche, dem Leid einen Sinn zu geben.

Wie würden Sie die verschiedenen Ansätze bewerten?

Das Schwierige an diesen Ansätzen ist, dass in allen ein Körnchen Wahrheit steckt: Es gibt Leiden, die mir eine innere Tiefe als Person geben. In der Bibel wird tatsächlich auch Leiden als Strafe genannt. Aber – das sagt sie ebenfalls deutlich – nicht jedes Leiden ist eine Strafe für etwas. Das sieht man zum Beispiel beim Blinden in Johannes 9,2.

Die Komplexität besteht darin, dass es sich immer nur um Stückwissen handelt, das steht schon in 1. Korinther 13. Es gibt Teilchen, die auf ein momentanes Geschehen bezogen stimmen. Aber sie können eben nicht als Dogma oder System für die Theodizee-Frage herhalten. Das, was in einer bestimmten Leidenssituation auf mich zugetroffen hat, muss nicht auf jemand anderen zutreffen. Aber: Leiden hat eine Kraft. Der Theologe Erich Schick nennt es »die schöpferische Kraft des Leidens«: Schick war selbst von seiner Biografie her ein leidender Mensch. Mit dem schöpferischen Moment des Leidens meint er, das Leiden, das uns das Leben tatsächlich in allen möglichen Variationen gibt, ganz bewusst auf dem Altar Gottes zu opfern oder wie einen Geldbetrag in den Opferbeutel zu legen.

Wie darf man sich das vorstellen?

Ich persönlich habe Leid innerhalb meiner Familie durch die sehr schwierige und unglückliche Ehe meiner Eltern erlebt. Das lege ich also auf diesen Altar vor Gott hin. Und aus diesem Leiden, aus diesem Opfer, entsteht eine schöpferische Kraft. Das sehe ich nun, mit 50 Jahren, definitiv in meinem Leben. Meine Familiengeschichte war für mich in vieler Hinsicht einfach dunkel. Ich bin mir aber sicher, dass ich ohne diesen Hintergrund weder die Person noch die Theologin wäre, die ich heute bin. Ich sehe diese schöpferische Kraft auch in vielen anderen Lebensgeschichten. Trotzdem ist das absolut kein Automatismus. Und deswegen sehe ich auch, dass die Systematische Theologie mit allen ihren Stärken in der Gefahr steht, etwas zu systematisieren, etwas zu automatisieren, was null automatisiert werden sollte: das Leiden.

Leiden kann pädagogische Seiten haben. Aber es gibt Leid, das sprengt jede Vorstellungskraft. Da blockt allein schon unsere menschliche Vernunft ab. Nur weil ich meiner Tochter etwas erzieherisch-pädagogisch beibringen möchte, würde ich sie doch niemals für die nächsten 50 Jahre gelähmt sein lassen wie Samuel Koch. Was ist denn das für eine Art der Erziehung?! Da merken wir schon: Eine solche pädagogische Erklärung greift nur, solange das Leiden in unserem Horizont noch irgendwie bewältigbar erscheint. Aber wenn wir irgendwann anfangen zu verstummen, weil das Leid so groß ist, dann fällt diese Sinnantwort völlig flach. Ich denke, wir tun Gott auch keinen Dienst, wenn wir versuchen, Leid zu depotenzieren.

Und das Letzte, was Gott braucht, ist unsere Verteidigung. Er kann sich selbst verteidigen, es steht uns nicht zu. Wir können und wir müssen es nicht. Es ist nicht das, was Gott braucht.

Wie können wir damit umgehen, wenn Menschen um uns herum Schweres erleben?

Das ist für mich eine Kernfrage, auch als Theologin. Dazu habe ich mir die Geschichte von Hiob angesehen und betrachtet, wie seine Freunde auf sein Leid reagieren. Zunächst habe ich festgestellt, dass sie ziemlich viel daherreden – das hätte mir auch sehr gut passieren können. Einige Tage lang weinen sie mit, das machen ja auch viele. Ab einem gewissen Zeitpunkt ist es ihnen dann aber genug. Sie sagen: »Jetzt reicht es langsam, nicht? Jetzt steh wieder auf, reiß dich zusammen. Es ist jetzt schon einiges an Zeit vergangen, seit das passiert ist.« Durch Reaktionen wie diese vervielfachen wir das Leiden und die Einsamkeit des anderen Menschen.

Wie geht es besser?

Für mich liegt der Sinn im Mit-Leiden: einem anderen Menschen dabei zu helfen, das Leid zu tragen. Dazu gehören auch der Schock und die eigene Wut über das, was dieser Person, die mir am Herzen liegt, passiert ist. Darin liegt aber auch die große Kraft der Liebe, die mein Mitleiden umso kraftvoller macht, je mehr ich liebe. Wenn ich liebe, will ich nicht nach zwei Tagen weniger mit dem Menschen zu tun haben, weil es so belastend ist. Dann ist seine Last auch meine Last. Wichtig ist also das Mitleiden, das Mitweinen – und dann, wenn es einem geschenkt ist, bis zuletzt das Mitgehen und Begleiten der Menschen.

Auf was wir aus meiner Sicht verzichten können – zumindest sehe ich das so bei Hiob –, sind endlose theologische Erklärungsversuche. Aufgefallen ist mir zum Beispiel, dass es nicht richtig war, wie die Freunde über Gott und das, was Hiob erlebt hat, reden. Und dass Gott die Art ihrer Verteidigungsrede missfällt: zu meinen, man müsste ihn gegen die Anklage verteidigen. Als ob er das nicht selbst könnte.

Genauso wenig bringen uns aus meiner Sicht Spekulationen darüber weiter, ob Gott gut oder nicht gut, allmächtig oder nicht allmächtig ist. Bei einem Gott, den ich mir selbst als Bild gemacht habe, kann ich vielleicht an der einen oder anderen Stelle Aspekte wegradieren, die mir nicht gefallen. Aber bei einem Gott, den nicht ich erschaffen habe, sondern der mich erschaffen hat, kann ich darüber nicht einfach spekulativ entscheiden.

Wobei ich damit nicht sage, dass die Beschäftigung mit der Theodizee-Frage an sich nicht legitim wäre. Sie ist absolut legitim aufgrund dessen, was wir in der Bibel sehen. Aber eben so, wie Hiob das macht: zu Gott hin.

Was bedeutet das konkret?

Nicht spekulieren über Gott, wie Hiobs Freunde das machen. Sondern im Gespräch mit ihm bleiben. Dazu gehört auch das Hinhören, wie er redet. Interessant finde ich außerdem, wie Gott in dieser Situation zu Hiob spricht. Er stellt den Größenunterschied zwischen sich und Hiob dar. Da kann man als Mensch sagen: »Zum Kotzen! Was ist das für ein Gott?« Na ja, es ist der einzig wahre Gott, mit dem wir es hier zu tun haben. Das ist das, was uns gegeben ist.

Überraschend finde ich, dass Hiob aber nicht vor Wut schäumt oder so reagiert, wie ich nach all dem Schlimmen reagieren würde. Er sagt stattdessen: »Bisher kannte ich dich nur vom Hörensagen, doch jetzt habe ich dich mit eigenen Augen gesehen.« Wenn Leiden tatsächlich eine kreative Kraft hat, dann sehe ich das an dieser Stelle. Ich weiß nicht, wie Hiob zu dieser Antwort kommt. Aber er redet immer noch mit Gott. Und so gibt es auch für mich Themen, bei denen ein Gespräch zwischen Gott und mir noch aussteht.

Welche Themen sind das, die Sie ansprechen würden?

Kindesmissbrauch und Menschenhandel, zum Beispiel. So erbärmlich ich auch als Mensch bin, ich werde eines Tages vor Gott stehen und sagen: »Darüber müssen wir reden.« Und ich habe das Gefühl, dass Gott sagt: »Keine Sorge, Mihamm. Wir werden darüber reden.« Aber nur, weil ich auf ein Gespräch mit Gott darüber warte, heißt das nicht, dass ich hier und jetzt nichts tun könnte. Ich kann zum Beispiel etwas dafür tun, dass gegen Menschenhandel vorgegangen wird. Oder gegen Kinderpornografie.

Bonhoeffer sagte: »im Beten und Tun des Gerechten« – es gehört also beides dazu. Beten heißt für mich, mit Gott im Gespräch zu bleiben. Auch indem ich sage: »Darüber müssen wir reden.« Ich kann dieses Gespräch einfordern, weil Gott mich liebt. So wie Kinder mit ihrem naiven Selbstbewusstsein Dinge von ihren Eltern einfordern. Aber bis dieser Moment kommt, ist jeder von uns, der die Frage nach Gerechtigkeit stellt, dazu verpflichtet, etwas zu tun. Ich kann das tun, was Gott mir vor die Füße legt. Das kann bedeuten, dass ich die nächsten zwanzig oder dreißig Jahre eine leidende Freundin segne. Denn nichts anderes tun wir in einer Beziehung: Wir tragen die Schwäche, das Leiden und den Schmerz anderer mit.

Sie machen Mut, mit Gott im Gespräch zu bleiben. Manchmal wird unser Glaube aber so erschüttert, dass uns gerade das schwerfällt. Welchen Einfluss haben solche Erfahrungen auf unseren Glauben? Und wie kommen wir nach einer solchen Erschütterung wieder dazu, Gott vertrauen zu können?

Ich sehe in diesem Zusammenhang mit Faszination auf Gestalten in der Bibel. Ich nehme jetzt einfach mal David und Mose heraus. Beide haben große Verluste erlebt: Davids Kind mit Bathseba wird kurz nach der Geburt schwer krank (2. Samuel 12). David liegt daraufhin tage- und nächtelang flehend und bittend auf dem Boden. Er wäscht sich nicht, isst nicht, trinkt nicht – wie ein Verrückter, dabei ist er König. Das Kind stirbt. Seine Knechte huschen um David herum und fragen sich, wie sie ihm das jetzt beibringen sollen. David bemerkt das und fragt: »Ist das Kind tot?« Die Knechte bejahen. Und dann passiert das Faszinierende: Er steht auf, wäscht sich, isst, richtet sich. Er geht in das Heiligtum und betet Gott an. Die Frage, die ich David gern gestellt hätte, stellten die Knechte ihm Gott sei Dank schon: »Was tust du da? Als das Kind noch lebte, hast du dich nicht gewaschen, gefastet, gefleht. Jetzt, wo das Kind tot ist, stehst du auf und machst genau das Gegenteil?« Und David sagt: »Als das Kind noch gelebt hat, habe ich gehofft, dass Gott gnädig sein könnte und das Leben erhält. Jetzt ist das Kind tot und ich kann es nicht zu mir zurückholen. Ich werde eines Tages zu ihm gehen.«

Bei Mose war es die Lebensberufung: Vierzig Jahre lang stolpert er mit einem störrischen Volk durch die Wüste, dann macht er einen Fehler bei Kadesch – er redet nicht zum Felsen, wie Gott ihm aufgetragen hat, sondern schlägt auf ihn ein. Wegen dieses Fehlers darf er nicht in das Gelobte Land. Und damit kommt seine Lebensberufung nicht zum Ziel. Das muss man sich mal vorstellen! Warum stirbt Mose nicht als verbitterter Mensch über seine Berufung, über den Sinn seines Lebens und die Tatsache, dass er sein Volk nicht in das Gelobte Land führen konnte?

Beides sind Erfahrungen, die jeden von uns erschüttern könnten. Warum verlieren David und Mose darüber nicht ihren Glauben an Gott? Ich verstehe es so, dass ihre Beziehung zu Gott – und das nenne ich Glauben – eben nicht auf dem beruht, was sie von Gott bekommen oder nicht bekommen.

Wie kommt man zu einem solchen Glauben?

Es ist eine Entscheidung und ein Ringen. Wir können uns natürlich dagegen entscheiden. Wir können sagen: »So möchte ich meinen Glauben nicht leben. Ich möchte, dass Krebs geheilt wird. Ich möchte die Zusicherung haben, dass mir nichts Schlimmes passieren wird.« Es ändert nur nichts. Krebs macht auch vor einem christlichen Körper nicht Halt. Scheidungen kommen auch bei gläubigen Ehepaaren vor. Unfälle passieren, auch bei den frömmsten Menschen.

Etwas davon können wir auch in menschlichen Beziehungen sehen, die auf Liebe basieren. Mein Mann erfüllt mir auch nicht alles. Ehen können durch Erschütterungen auseinandergehen. Trotzdem merken wir: Wenn eine Liebe echt ist und auf einer festen Basis steht, trägt sie durch solche Zeiten hindurch. Es gibt Paare, die es sechzig Jahre lang durch Enttäuschungen, Verluste und Versagen hindurch schaffen.

Wie können wir eine Beziehung zu Gott bekommen, die unser ganzes Leben hält?

Es gibt eine Quelle der Kraft, die außerhalb von mir liegt und nach der ich mich immer wieder neu ausstrecken muss, entgegen meinem Egoismus und den eigenen Ansprüchen. Entgegen dem Anspruch, dass alle meine Kinder gesund zur Welt kommen. Dass ich keine Unfälle erlebe. Denn so ist das Leben nicht! Das Leben fragt nicht danach, ob ich meine, ein Recht auf alle diese Dinge zu haben. Aber es gibt einen Gott, der sagt: Es gibt mehr in diesem Leben, als vom Krebs geheilt zu werden. Oder gesunde Kinder zu haben. Das sprengt mein Denken, meine Wünsche und mein ganzes Sein. Aber genau das lehrt mich die Bibel: dass Gott immer wieder unsere Vorstellungskraft und Naturgesetze sprengt. Zum Beispiel, wenn Petrus über das Wasser läuft.

Und so sprengt auch die Beziehung zu Gott mein Denken, das auf den Möglichkeiten von Naturgesetzen basiert. Mein Denken, das sich um mich selbst dreht: Ich möchte gut davonkommen. Ich möchte überleben. Aber so, wie Petrus auf Wasser laufen kann, gibt es – nicht nur in der Bibel, sondern auch in unserer Zeit – Menschen, die diese Kraftquelle haben und Unmögliches als möglich erleben. Wie zum Beispiel Corrie ten Boom, die zusehen muss, wie ihre Schwester im KZ fast totgeschlagen wird und wenig später stirbt. Woher kommt die Kraft, es nicht nur zu ertragen, sondern es auch zu vergeben? Woher haben Menschen auch heute noch diese Kraft? Wie können sie etwas vergeben, das nicht vergebbar ist? Wie können sie auch Gott vergeben?

Es gibt einen Glauben, der auf einem anderen Fundament steht als die Erwartung an das, was ich von Gott bekomme. Ich ringe konstant um diesen Glauben. Dietrich Bonhoeffer sagt: »Nicht alle unsere Wünsche, aber alle seine Verheißungen erfüllt Gott.«

Erlangt man Glück oder Zufriedenheit, indem man das, was man sich eigentlich erhofft hätte, auf den Altar legt?

Auf gar keinen Fall sollte man die Hoffnung auf den Altar legen! Sondern hoffen – bis zum Gehtnichtmehr. Nicht die Hoffnung gehört auf den Altar, sondern das Leiden. Dieses wirkliche, reale Leid. Das, was so passiert und gekommen ist. Der Bereich, an dem wir leiden. Ich meine das aber nicht als Automatismus mit der Erwartung, dass wir dafür etwas zurückbekommen, wenn wir es opfern. Sonst wäre es ja ein Handel, und das ist nicht das, was Erich Schick meinte. Opfer bedeutet ja, dass ich keine Gegenleistung erwarte.

Was haben wir für eine Alternative? Mit dem Leiden explodieren oder implodieren, oder es einfach mal Gott hinschmeißen. Das hat mich an diesem Gedanken fasziniert: das Leiden, das ich tatsächlich trage, ganz bewusst vor Gott zu legen und zu sagen: Das gebe ich dir.

Darf man Gott fragen, warum wir ertragen müssen, was wir ertragen?

Natürlich. Diese Fragen begegnen uns ja auch in der Bibel. Man muss sich nur bewusst sein, dass wir Gott die Antworten nicht vorschreiben können. Im Kern der Theodizee-Frage steht die Frage nach dem Verständnis: Wie kann ich als Mensch den Dingen, die passiert sind, einen Sinn entringen? Wir alle haben das Bedürfnis danach, verstehen zu wollen. Aber schon Kant sagte, dass unsere Vernunft an Grenzen stößt, wenn es um Gott geht. Ich persönlich habe für mich in der Leidfrage entschieden, nicht alles verstehen zu müssen. Ich werde manches Leid auch nicht verharmlosen, indem ich es mir zurechtschneide, damit es unter allen Umständen in die begrenzte Box meines irdischen Denkens und Verstehens hineinpasst. Es gibt manches Leid, das ich absolut nicht greifen und verstehen kann. Dafür steht noch ein Gespräch mit Gott aus.

Was ich aber verstehe, ist, dass Gott sich selbst nicht schont. Dieser Punkt ist für mich in der Leidfrage wichtig und der Fels meiner Beziehung zu Gott. In Römer 5,8 heißt es: »Gott dagegen beweist uns seine große Liebe dadurch, dass er Christus sandte, damit dieser für uns sterben sollte, als wir noch Sünder waren.« Wenn Gott das Bedürfnis hat, etwas zu beweisen, dann deswegen, weil er weiß, dass wir ihm eben nicht abnehmen, dass er uns liebt. Manchmal sehen wir uns selbst und denken: »So jemanden wie mich mit so vielen dunklen Abgründen kannst du gar nicht lieben.« Ich finde es schon fast berührend, dass Gott meint, er müsse es uns beweisen. Gott sagt: »Ich beweise es, indem ich mich nicht mehr schone. Ich gehe mit dir rein. Ich bleibe da.« Auch wenn ich alles andere nicht verstehen kann – dieses eine verstehe ich: dass Gott da ist. Er hat sich selbst nicht geschont und schont sich auch heute nicht. Er gibt für mich alles und mehr. An diesem Verstehen halte ich in der Leidfrage fest. Oder, besser gesagt: Diese Gewissheit hält mich in der Leidfrage fest.

»EIN GESEGNETES
LEBEN BEDEUTET,
ZU LIEBEN UND GELIEBT
ZU WERDEN.«

»DAS GEFÜHL, ZU KURZ ZU KOMMEN, IST NOCH LANGE NICHT WEG.«

Vom Eindruck, nicht willkommen zu sein

Wir treffen uns bei Lissy Schneider zu Hause. Es sind Sommerferien, ihre drei Töchter sind daheim. »Ich liebe Ferien«, sagt Lissy. Sie arbeitet als Krankenschwester in der Ambulanten Pflege und als Referentin und Sprecherin, aber heute hat sie frei. Vor Kurzem haben die Mädchen Kaninchen bekommen, sie sind noch ganz klein und zuckersüß. Bevor wir mit dem Interview anfangen, kommt spontan Besuch vorbei – eine befreundete Familie aus der Gemeinde, die einen riesigen Korb mit lauter liebevoll ausgesuchten Lieblingsdingen bei Lissy und ihrer Familie vorbeibringt.

Ich werde immer wieder gefragt, warum ich so gut Deutsch spreche. Oder wo ich herkomme. Ich antworte dann: »Aus Frankfurt.« Aber das wollen die Leute natürlich nicht wissen. Sie wollen wissen, woher meine Hautfarbe kommt. Meine Antwort ist dann: »Mein Vater kommt aus Nigeria. Den kenne ich aber nicht. Ich bin bei einer Pflegemutter groß geworden.« Und schon bin ich beim ersten Smalltalk mitten in meiner Herkunfts- und Identitätsgeschichte. Mich damit auszusöhnen, ist mein Lebensprojekt.

Meine Eltern waren beide suchtkrank. Ich kam mit zwei Jahren in ein Kinderheim. Meine leibliche Mutter gab mich damals mit einer Tüte ab und sagte, dass sie nicht mehr für mich sorgen könne. Einen Tag später brachte sie auch meinen damals achtjährigen Halbbruder dorthin. Wir kamen im Heim altersbedingt in unterschiedlichen Gruppen unter. Das würde man heute anders machen. Ich zog nach einem Jahr zu meiner Pflegemutter. Sie ist ausgebildete Erzieherin, hat nie geheiratet. Im Lauf der Jahre nahm sie sieben Mädchen als Pflegekinder bei sich auf.

Ich bin ihr bis heute dankbar. Wir hatten zum Beispiel immer tolle Kindergeburtstage. Trotzdem kam ich von einem System in ein anderes. Und in einem System musst du funktionieren. Wenn man sich überlegt, dass eine alleinstehende Frau so viele Kinder aufnimmt, die alle eine ähnliche Geschichte haben – da muss man schon eine bestimmte Persönlichkeit mitbringen. Ich selbst hätte nicht die Kraft dazu, obwohl ich mir früher immer vorgestellt habe, später selbst Pflegekinder aufzunehmen. Ich glaube, ihre Kraft bestand darin, sehr diszipliniert und strukturiert zu sein.

Innerhalb unserer Familie gab es immer wieder Wechsel. Meine drei Monate ältere Pflegeschwester, die Jüngste und ich waren konstant da. Alle anderen gingen immer wieder in ihre Herkunftsfamilie oder ins Heim und kamen dann wieder zu uns zurück. Daher stellte sich auch keine feste Konstellation ein.

Mit meiner leiblichen Mutter hatte ich etwa bis zu meinem sechsten Lebensjahr Kontakt, wenn auch unregelmäßig. Sie kam oft nicht zu den vereinbarten Terminen, weil sie zu diesem Zeitpunkt zwar nicht mehr drogenabhängig, aber immer noch alkoholkrank war. Zwischen meinem sechsten und zwölften Lebensjahr war sie wohnungslos, ich sah sie daher erst mit zwölf Jahren wieder. Als ich vierzehn war, wollte ich eigentlich zu ihr ziehen. Mein Gedanke war, dass sie Hilfe brauchen könnte. Ich dachte, ich könnte sie vielleicht retten. Aber dann starb sie.

Ich werde nie vergessen, wie viel ich damals um sie weinte. Meine Trauer verbarg ich allerdings vor meiner Pflegemutter, weil ich sie damit nicht kränken wollte. Meine leibliche Mutter war eine kaputte Frau, die mir nie etwas hatte geben können. Und trotzdem trauerte ich so. Damals fragte ich mich abends oft: »Warum weinst du? Was ist das in dir?« Irgendwann wurde mir klar: Ich trauerte gar nicht um meine Mutter. Sondern um das Idealbild einer Mutter. Vor ihrem Tod dachte ich oft, wenn ich Stress mit meiner Pflegemutter hatte: »Dann gehe ich eben zu meiner leiblichen Mutter!« Zwar war klar, dass das nicht gehen würde. Aber in meinem Kopf war jemand für mich da. Eine Person, die sich über mich freuen würde. Als sie dann starb, formulierte ich für mich zum ersten Mal: »Es geht gar nicht um sie als Person. Sondern um das Bild, das ich mir aufgebaut habe. Darum trauere ich«. Und das half mir. Es erleichterte mich tatsächlich zu wissen, warum ich so traurig war.

Manchmal frage ich mich, ab wann Gnade anfängt. Und warum ich mir schon mit 14 Jahren diese Fragen stellte. Ich bin mir nicht sicher, ob man Selbstreflexion geschenkt bekommt oder ob das eher ein Erlernen ist. Über diese inneren Fragen beziehungsweise Selbstgespräche sprach ich mit niemandem. Aber sie halfen mir sehr. Viele Jahre später stieß ich auf Psalm 42,12: »Was betrübst du dich, meine Seele, und bist so unruhig in mir?« Das ist eine so schöne Einladung, in sich hineinzuhorchen.

Als ich mit sechzehn Jahren meinen Realschulabschluss hatte, stand die Überlegung im Raum, das Abitur zu machen. Aber ich konnte und wollte nicht mehr weiter mit so vielen Regeln, Uhrzeiten, Vorgaben und so wenig Spielraum leben. Meine Pflegemutter und ich hatten praktisch zwei Jahre lang nur Streit miteinander.

Ich wollte weg und zog für ein Freiwilliges Soziales Jahr in einem evangelischen Gästehaus ein. In dieser Zeit, mit 16, lernte ich auch meinen Mann Michel kennen. Vier Jahre älter als ich, unkonventionell und ein ganz krasser Macher – bis heute. Da war jemand, der wusste, was er wollte, und der das durchzog. Das gefiel mir.

Mit 17 betete ich das erste Mal persönlich. Dabei ging es vor allem um Frieden, weniger um Sünde. Denn dieses Thema, dass ich ein sündiger Mensch bin, hatte

mich in meiner Kindheit stark geprägt, genauso wie Bibelverse, die mich irgendwie kleinmachten. Meine Pflegemutter kam aus der evangelischen Landeskirche, ich war auch dort aufgewachsen.
Das Interessante war, dass ich in dem Moment, als ich betete, tatsächlich eine Form des Friedens spürte. Das hielt allerdings nicht besonders lang an. Gott befreite mich auch nicht – wie vielleicht manch andere – von allem Schwierigen. Aber in diesem Moment merkte ich, dass am Glauben an Jesus irgendetwas dran sein musste. Ich fing an, in der Bibel zu lesen, und suchte mir zwei Jahre später eine Gemeinde.

Ich kann bis heute nicht sagen, warum ich immer am Glauben dranblieb. In den letzten Jahren habe ich mich von vielen Vorstellungen, was Gott in meinem Leben machen müsste, verabschiedet – also zum Beispiel beruflicher Erfolg oder so was. Auch heute habe ich noch manchmal das Gefühl, auf dieser Welt nicht willkommen zu sein. Bis ich selbst Mutter wurde, hatte ich immer wieder mit Selbstmordgedanken zu kämpfen. Ich dachte, niemand wollte mich. Und warum sollte ich für etwas dankbar sein, das ich mir nicht ausgesucht hatte? »Wenn ich sterbe, dann werde ich echten Frieden haben«, so dachte ich.

Aus dem Nicht-willkommen-sein-Gefühl entstand auch die Grundsorge, zu kurz zu kommen. Ich komme immer wieder bei diesem Thema an. Mittlerweile ist das nicht unbedingt etwas Negatives, sondern ich frage mich eher: Wie gestalte ich aus diesem Gefühl des Nicht-willkommen-Seins mein erwachsenes Leben, unser Familienleben oder die Entwicklung meiner Kinder? Deswegen empfinde ich es auch als meine Lebensaufgabe, mich damit auszusöhnen.

Dieses Gefühl hat natürlich auch etwas mit der ständigen Frage nach meiner Hautfarbe zu tun. Da es mein tiefster Wunsch ist, ein Zuhause zu finden, kam die Frage nach meiner Herkunft bei mir lange so an, als sage man mir damit: »Hier kannst du ja nicht zu Hause sein.« Deswegen fand ich das auch immer nervig und die Menschen, die mich das so direkt fragten, übergriffig und unsympathisch. Obwohl es bestimmt nicht so gemeint war.

Das Jugendamt hatte meiner Pflegemutter häufiger Kinder mit dunkler Hautfarbe zugeteilt. Es war also schon mal hilfreich, dass man uns optisch für Geschwister hielt und ich nicht die einzige Afrodeutsche in der Familie war. Trotzdem haderte ich schon früh damit. Als Kind möchte man einfach gern so sein wie die anderen. Und natürlich war meine Hautfarbe auch in der Schule ein Thema. Ich wurde zum Beispiel immer wieder Affe genannt. In der Klasse war ein Mädchen, das ziemlich übergewichtig war. Sie wurde Nilpferd gerufen. Ich weiß noch, dass ich dachte: »Zum Glück bin ich der Affe und nicht das Nilpferd.«

Diese Fragen nach meiner Hautfarbe nervten mich, bis ich Mitte zwanzig war. Erst als ich mit unserem ersten Kind schwanger war, kam in mir der Wunsch auf, versöhnlich damit umzugehen. Ich fragte mich damals, wie es meiner Tochter mit dem Thema einmal gehen würde. Das hat viele positive Prozesse angestoßen, die mich noch in ihrem ganzen ersten Lebensjahr begleiteten. Ich lebe viel mit Sätzen, durch die ich mir die Wahrheit vor Augen halte. Damals war das zum Beispiel: »Jemand, der mich nach meiner Herkunft fragt, will mir damit nicht sagen, dass ich nicht willkommen bin.« Ein solcher Satz löst in mir eine andere Offenheit in der Begegnung mit anderen Menschen aus.

Ich mag das Bild des Zuhauses. Zuhause ist ein Ort, an dem es schön ist. Ein Ort, an dem man dir Mut macht. Und weil ich das in meinem Umfeld nicht erlebt habe, wusste ich, dass ich selbst dafür sorgen muss. Für mich war nie die Frage, ob es Gott gibt oder nicht. Sondern ob er mir gegenüber gut ist. Ich wollte also ein Zuhause finden, mit Gott zusammen, in mir selbst. Und ich würde sagen, dass es diesen inneren Raum mittlerweile gibt, diesen inneren Frieden und das Zuhause, nach dem ich immer gesucht habe.

Lissy wohnt mit ihrer Familie schräg gegenüber dem Gemeindezentrum, in dem ihr Mann als Pastor mit Schwerpunkt für sozialdiakonische Arbeit tätig ist. Das Haus steht an einer viel befahrenen Verbindungsstraße, in einem Gewerbepark mit

Metallbearbeitungsunternehmen, im Erdgeschoss ist ein Bestatter untergebracht. Mit der Streuobstwiesenromantik, für die die Gegend bekannt ist, hat das wenig zu tun. Aber die Wohnung sieht absolut instagrammable aus. Eine kantige, selbst gebaute Rohrinstallation in der Küche, eine coole Lampenkonstruktion im Wohnzimmer, alles selbst gebaut von Michel. Viele Ecken, in denen sich die künstlerische und kreative Ader von Lissy zeigt. Regale mit lauter guten Büchern, die man gern lesen möchte. Letztlich geht es aber nicht um die einzelnen Details, sondern um die Atmosphäre insgesamt. Es ist ein Ort, an dem man sich sofort wohlfühlt, an dem man gern bleiben möchte.

Bevor wir hier einzogen, wohnten wir über einem Kaufhaus, in einer Maisonette-Wohnung, wunderschön, mit einer großen Dachterrasse. Und ich dachte, danach kommt dann das Häusle mit Garten. In meinem Umfeld wohnen wirklich fast alle so. Ich liebe Wiesen und Wälder. Mein Traum wäre es, morgens mit meiner Tasse Kaffee in die Stille im Garten schauen zu können. Ich möchte immer gern rausgucken.

Das kam aber nicht. Wir mussten raus aus der Maisonette-Wohnung und fanden absolut nichts, wo wir hätten einziehen können. Und dann zeigten uns Bekannte aus der Gemeinde diese Wohnung auf ihrem Industrieareal, die noch im Rohbau war. Ich weiß noch, wie ich reinlief und als Erstes aus dem Fenster sah. Direkt auf die Tankstelle mit der roten Reklame, die nachts leuchtet. Also nicht so wirklich schön. Ich war enttäuscht. Aber dann kam der Satz von Gott: »Lissy, für deine Familienatmosphäre ist es nicht entscheidend, wie deine Aussicht aus dem Fenster ist.« Und ich dachte: »Stimmt.«

Jetzt wohnen wir hier seit zwei Jahren und es ist voll gut. Unsere Vermieter sind die besten der Welt. Da unter uns ein Bestattungsinstitut ist, stören wir niemanden. Mittlerweile sehe ich hier so viel Gutes, aber es ist ein Prozess, mit dem ich noch nicht durch bin. Das Gefühl, zu kurz zu kommen, ist noch lange nicht verschwunden und ich frage mich, ob es vielleicht meine Lebensaufgabe ist, damit klarzukommen. Bis ich irgendwann sterbe.

In den Psalmen wird oft darüber geklagt, dass die Feinde ein so gutes Leben haben. Wenn jemand kein Christ ist und Erfolge feiert und ein tolles Haus hat, ist das für mich allerdings kein Problem. Mir macht es eher etwas aus, Christen zu sehen, die in meinen Augen ein leichtes, sorgloses Leben führen, ohne sich je Gedanken über Geld machen zu müssen. In meinen schwachen Momenten beneide ich sie darum. Und ich denke: »Das verstehe ich nicht, Herr Jesus. Ich denke, wir sind hier in einer Art Gleichberechtigung?«

Man sieht also, ich bin ein krasser Vergleichsmensch. Aber wenn ich vergleiche, erhöhe ich dadurch nicht nur das andere, sondern erniedrige dabei auch noch meines. Das, was ich habe, verliert dadurch an Wert. Es ist ein Prozess, dem ich immer wieder auf die Spur zu kommen versuche. Das Schöne ist aber, dass ich mittlerweile anders reagiere, wenn ich das Gefühl habe, zu kurz zu kommen. Es hat nicht mehr diese maßgebliche Auswirkung auf meine Stimmung, und es macht mich auch nicht mehr so hilflos. Ich denke dann: »Hallo, Gefühl! Wir kennen uns.« Und schiebe es erst mal weg, bis zum Abend, für die Stille mit meinem Tagebuch. Da schreibe ich es auf, halte es Jesus hin und gehe es mit ihm durch. Dieses Andocken in der Stille ist etwas, das mich tröstet und mir darüber hinweghilft, mich irgendwie lebensfähig macht. Und dann verschwindet dieses Gefühl auch wieder.

In christlichen Kreisen geht es oft um die Identität, die wir in Jesus haben. Ich habe noch keine klare Antwort gefunden, was das genau für mich bedeutet. Ich empfinde es jedenfalls bei mir nicht so, dass das alte Leben komplett weg ist. Ich glaube aber, dass ich heute darauf sehen kann und es mich nicht mehr so herunterzieht. Die Frage ist ja: Auf wen höre ich? Ich höre den Tag über ganz viel, aber auf welche Stimme lege ich meinen Fokus? Meiner liegt morgens und abends in der Stille, auf der Bibel, im Schreiben. Dort dockt meine Seele an. Und daraus entsteht meine Identität.

Ich fing schon mit 19 an, ein geistliches Tagebuch zu führen. Aber erst mit Mitte zwanzig habe ich gelernt, damit richtig ehrlich vor Gott zu werden. So ehrlich, dass ich dabei manchmal schon dachte: »Vielleicht komme ich jetzt nicht mehr in den Himmel.« Es ist hart, zuzugeben, dass man absolut von Gott enttäuscht ist. Ich habe gemerkt, dass ich lange auf zwei verschiedenen Ebenen lebte, auf der kognitiven und der seelischen. Die kognitive war immer d'accord mit dem Leben. Ich konnte jahrelang ganz rational darüber sprechen, dass meine Eltern mich weggaben, weil sie nicht für mich sorgen konnten. Aber durch die Beziehung zu meinem Mann kam ich plötzlich innerlich an Grenzen. Eine Seelsorgerin sagte damals zu mir, dass meine Seele das noch betrauern muss.

Ich merkte, dass dieser Frieden, nach dem ich immer suchte, erst anfängt, wenn ich zugebe, dass ich im Unfrieden bin. Wenn ich mich an diesem Punkt verletzlich mache. In der Anklage bin ich nicht verletzlich, da habe ich ja immer noch Argumente in der Hand. Verletzlich bin ich dann, wenn ich äußere: »Ich hätte es mir echt anders gewünscht.«

Und ich hätte mir vieles anders gewünscht. Aber ich bin dabei, mich mit meiner Geschichte auszusöhnen. Neulich sagte unser Pastor: »Gott wirbt um unser Herz.« Da dachte ich: »Nö.« Wenn jemand um mich wirbt, dann erwarte ich da echt mehr! Faszinierendes. In Watte Packendes. Flauschiges. Wärmendes. Das habe ich so nicht erlebt.

Manchmal sage ich zu Jesus: »Ich verstehe nicht, warum wir beide noch miteinander unterwegs sind.« Weil ich das Gefühl habe, in einer Beziehung zu leben, in der mein Gegenüber immer anders ist, als ich denke: Ich empfinde Gott überhaupt nicht als berechenbar. Ich kann ihn nicht in Schubladen stecken, obwohl ich mir das vielleicht wünschen würde. Ich erlebe auch keine Wunder oder Heilungen. Jeder Prozess muss gegangen werden, jeder Schritt erarbeitet, jede Seelsorgeeinheit bezahlt, alles kostet Anstrengung.

Am Anfang des Wegs mit Jesus denkt man oft: »Wenn ich A mache, tut Gott B.« Und in die Richtung geht auch vieles, was ich früher im Jugendkreis hörte oder in manchen Predigten. Das soll dann Lust auf Glauben machen. »Träume groß!« – da denke ich immer: »Warum sagen wir so etwas? Wieso wird in uns immer der Gedanke gepflanzt, dass etwas größer sein müsste? Warum reicht das jetzt nicht?« Ich finde, wir haben uns viele Bibelstellen herausgepickt, die das verdeutlichen sollen. Das habe ich selbst früher auch so gemacht. Tatsächlich würde ich heute vieles aber nicht mehr sagen. Zum Beispiel, was die Bibelstelle betrifft: »Durch die mächtige Kraft, die in uns wirkt, kann Gott unendlich viel mehr tun, als wir je bitten oder auch nur hoffen würden« (Epheser 3,20). Die betone ich heute nicht mehr so oder versuche nicht mehr, etwas hineinzudeuten, was so nicht drinsteht.

Als ich jünger war, urteilte ich ganz anders über Menschen. Durch meine eigene Geschichte und die Erfahrungen der letzten Jahre weiß ich aber: Gott schreibt mit Menschen Geschichten, und die sind noch nicht zu Ende. Ich möchte damit leben lernen, mehr den Istzustand anzunehmen. Und manchmal gehört dazu, die Hoffnung, dass es immer toller wird, aufzugeben. Weil ich damit die Möglichkeit habe, ein Ja zum Jetzt zu finden. Es ist ein Prozess für mich zu lernen, dass sich Gottes Liebe und Segen nicht an meinen äußeren Umständen festmacht. Ich frage mich manchmal, woran dann. Darauf habe ich bis heute keine klare Antwort für mich.

Ich kann in Worte fassen, wodurch ich mich gesegnet fühle. Zum Beispiel in der Natur und in der Stille. Durch liebevolle Menschen und gute Beziehungen. Wäre ich als Mensch noch so wie vor zwanzig Jahren, hätte ich heute solche tiefen Beziehungen nicht. Es gibt einige Menschen in meinem Leben, bei denen ich mich absolut angenommen fühle. Bei denen ich nachts anrufen könnte und die hier auf der Matte stehen würden, obwohl ich ihnen nichts Besonderes geliefert habe.

Gesegnet fühle ich mich außerdem dadurch, Mama zu sein – das empfinde ich als Privileg. Dadurch hat sich auch meine Beziehung zu Gott verändert. Denn ich weiß, dass Gott diesen liebevollen Blick, den ich über meinen Kindern habe, auch über mir hat. Ich bin als Mutter unheimlich unsicher und bete jeden Abend: »Bewahre ihre Seelen und mache sie zu charakterstarken Frauen.«

Wenn es eines gibt, das ich meinen Töchtern vermitteln möchte, dann ist es, dass sie willkommen sind, gewollt und geliebt – egal, was passiert! Ob sie nun drogenabhängig sind oder keinen Schulabschluss haben – egal! Das hier ist ihr Zuhause. Ich möchte später mal zu meinen Kindern sagen: »Toll, wie du geworden bist!« Selbst wenn nichts toll wäre – ich werde etwas finden, was toll ist.

Und trotzdem ist Mutter-Sein für mich die größte Herausforderung. Bei meinem ersten Kind dachte ich, Gott nimmt es mir wieder, er will mich prüfen. Ich stellte mir nachts den Wecker, um nachzusehen, ob sie noch atmet. Obwohl ich Gott wirklich vertrauen möchte, spüre ich immer wieder so eine Art Misstrauen.

Als Christen wünschen wir uns oft, dass unser Glaubensweg glatt und geradlinig verläuft. Ich finde aber, dass die Geschichten, die Gott in Menschen zulässt, nicht geregelt sind. Mir ist wichtig geworden, dass Gott nicht nur eine Vielfalt in uns angelegt hat, sondern auch eine Verschiedenartigkeit in den Wegen, die er mit uns geht. Mit manchen Leuten geht er vielleicht auch einen geraden Weg. Das stehen lassen zu können, ist für mich ein Prozess.

Ich bin ein Emmaus-Jünger. In der Bibel heißt es ja: »War es uns nicht seltsam warm ums Herz, als er unterwegs mit uns sprach und uns die Schrift auslegte?« (Lukas 24,32). Diese erlebte Wärme in der Stille ist mein Glaube, meine Gotteserfahrung, mein Zuhause, mein »Du bist willkommen«.

»WIR WÄREN ZU FÜNFT GEWESEN.«
Von zehn Wochen guter Hoffnung

Von der schmiedeeisernen Hackerbrücke aus gibt es den schönsten Sonnenuntergang über München zu sehen. Der Blick führt über die Bahngleise und bleibt an der Frauenkirche, dem Wahrzeichen der Stadt, hängen. Eine andere Kirche befindet sich unterhalb dieser Brücke, in der Nähe des Zentralen Omnibusbahnhofs. Das ICF München feiert seine Celebrations hier, in der Großraumdisco neuraum, in Fußnähe davon befindet sich auch das Büro der Mitarbeiter und das love changes-Café, das ebenfalls zur Freikirche gehört.

Frauke Teichen und ihr Mann Tobias haben das ICF München als Teil des internationalen ICF Movement gemeinsam gegründet. Ihr Traum war, dass Menschen die frohe Botschaft des christlichen Glaubens auf zeitgemäße Art und Weise erfahren, furchtlos leben und ihr Umfeld positiv prägen. Eine lebensnahe, dynamische Gemeinde. Den Kinderschuhen ist das ICF München längst entwachsen, inzwischen ist aus dem kleinen Start-up eine Riesengemeinde mit 2 000 Gottesdienstbesuchern und vier Gottesdiensten am Sonntag geworden, ein Umzug von der Großraumdisco in eine noch größere Location steht an. Aber wenn Frauke von ihrer Gemeinde spricht, spürt man: In diesem Baby, das mittlerweile keines mehr ist, steckt das ganze Herzblut der Teichens. »Das ICF ist wie unser zweites Kind«, sagt sie manchmal.

Frauke setzt sich in die Sonne, hinter ihr die urbane Kulisse, neben sich die Tasse Cappuccino, die ihr ein Mitarbeiter des love changes-Cafés gerade herausgebracht hat. Sie fängt an zu erzählen.

Mein Mann Tobi ist eigentlich Lehrer und kann toll mit Kindern umgehen. Ich selbst habe drei Geschwister, daher konnte ich es mir gut vorstellen, mehrere Kinder zu haben. Vier wie bei uns daheim hätten es jetzt nicht unbedingt sein müssen, aber mindestens zwei oder drei hätte ich mir schon gewünscht. Ich lernte Tobi während meines Sozialen Jahrs kennen. Er machte zur selben Zeit seinen Zivildienst. Noch im Studium, mit 22 und 23 Jahren, heirateten wir. Daher dachte ich auch, dass wir eher früh Kinder bekommen würden.

Mit Ende zwanzig fanden wir, dass es mit den Kindern jetzt eigentlich losgehen könnte. Aber fünf Jahre lang passierte einfach nichts. Wir gingen daraufhin zur Kinderwunschklinik und probierten Verschiedenes aus. Einmal wurde mir dort gesagt: »Sie haben jetzt Ihren Eisprung, Sie müssen also heute Abend Verkehr haben.« Als ich antwortete: »Das geht leider nicht, mein Mann ist gar nicht da«, schaute mich die Ärztin warnend an und sagte: »Sie müssen sich jetzt schon überlegen, wie aggressiv Sie da vorgehen wollen!« Aggressiv! Das wollte ich in diesem Zusammenhang wirklich überhaupt nicht sein!

Damals fragten wir Jesus oft: »Wieso ist das so bei uns? Willst du vielleicht, dass wir Kinder adoptieren?« Es heißt ja, Kinder sind ein Segen von Gott. Deswegen fragte ich mich schon, was das für uns bedeutete. Segnete Gott uns nicht? Oder segnete er uns anders? Was sollten wir machen? Einmal saßen wir mit ein paar Freunden zusammen beim Gebet und fragten Gott, warum Tobi und ich nicht schwanger wurden. Daraufhin hatten wir alle den Eindruck, als ob er sagen würde: »Momentan habt ihr noch ein Baby« – und zwar das ICF München, das wir gemeinsam im Jahr 2003 gegründet hatten. Ich dachte damals: »Gott, du entscheidest. Und was du gut findest, finde ich dann auch gut.«

Fünf Jahre nach der Gemeindegründung war ich dann plötzlich schwanger. Im Nachhinein denke ich, dass es gut so war. Dadurch konnte ich, als das ICF noch klein war, viel präsenter sein. Später konnten wir die Aufgaben auf mehrere Schultern verteilen. Nachdem unser Sohn Benedikt im Jahr 2009 geboren war, sagten viele zu mir: »Wenn du einmal schwanger geworden bist, klappt es auch ganz schnell, wieder schwanger zu werden.« War aber nicht so.

Bis ich im Herbst 2016, als ich schon überhaupt nicht mehr damit rechnete, gewisse Symptome feststellte. Weil ich noch einen längst abgelaufenen Schwangerschaftstest herumliegen hatte, probierte ich ihn spaßeshalber aus. Er war tatsächlich positiv. Tobi war damals in Asien unterwegs und ich schrieb ihm: »Setz dich, ich schicke dir gleich was.« Als er das Foto vom Schwangerschaftstest sah, war er wie ich völlig aus dem Häuschen. Wir dachten: »Wahnsinn, Gott schenkt uns doch noch ein Kind!« Es war eine riesige Freude für uns.

Meine Frauenärztin bestätigte die Schwangerschaft, aber als ich ihr grob den Tag meiner letzten Periode nannte, meinte sie, das könne nicht ganz sein, weil der Embryo so klein sei. Das war merkwürdig. Aber weil das mit meiner Periode immer so eine Sache ist, dachte ich, dass da wahrscheinlich etwas durcheinandergeraten war.

In der zehnten Woche bekam ich plötzlich leichte Blutungen. Ich war damals auf dem Weg zur Ladies Lounge in Karlsruhe. Ich hatte mich zwar gefragt, ob ich nicht lieber zu Hause bleiben und mich ausruhen sollte, dachte aber: »Ich kümmere mich um Gottes Reich und er kümmert sich um mich.« Meine Frauenärztin hatte außerdem gemeint, solange ich mich nicht zu sehr anstrengen würde und auch sitzen könne, sei es kein Problem. Als ich wieder zu Hause war, hörten die Blutungen allerdings nicht mehr auf.

Die Frauenärztin stellte fest, dass das Herz des Embryos nicht mehr schlug. Ein riesiger Schock. Ich verstand es auch überhaupt nicht: Warum schenkte uns Gott dieses Baby erst und dann war es plötzlich wieder weg? In mir stiegen Gedanken auf, dass ich mich von Gott verarscht fühlte. Selbstvorwürfe machte ich mir glücklicherweise in dieser Situation nicht. Ich hatte ja meine Ärztin vorher noch gefragt, wie ich mich mit den Blutungen verhalten sollte. Sie hatte mir auch gesagt, dass es sich bei Fehlgeburten in diesem Stadium um eine Art natürlichen Selektionsvorgang des Körpers handelt, wenn zum Beispiel genetisch etwas nicht stimmt. Darauf hatte ich mich verlassen.

Ein paar Tage später lag ich im Bett und bekam furchtbare, wehenartige Unterleibsschmerzen. Wir fuhren in die Klinik, wo ich vor der Ausschabung noch einmal untersucht wurde. Und da traf mich dann ein doppelter Schock: Die Ärzte stellten mit dem genaueren Ultraschallgerät vor Ort nämlich fest, dass es nicht ein Embryo war, sondern zwei. Für mich war es ein so tragischer Moment, als mir klar wurde: Wir wären zu fünft gewesen. Wir hätten drei Kinder gehabt, wie ich es mir immer gewünscht hatte. Und dann waren beide nicht mehr am Leben.

Die Ausschabung fand an einem Dienstag statt. Für den darauffolgenden Sonntag war eine Kindersegnung im ICF geplant. Von einigen Eltern, die an dem Tag ihre Kinder segnen lassen wollten, wusste ich, dass sie das Kind eigentlich nicht unbedingt hatten haben wollen, sich aber dazu durchgerungen hatten, es zu bekommen. Das war für mich schon eine ganz schöne Spannung. Irgendwie lag im direkten Vergleich die Frage nahe, warum diejenigen ein Kind bekamen, die eigentlich keines haben wollten, während manche, die so gerne eines hätten, keines kriegten. Für mich ist das immer noch eine offene Frage.

Mir schrieb damals eine Freundin eine Nachricht, die mich in dieser Situation sehr berührte: »Liebe Frauke, es tut mir so leid, was du durchmachen musst. Mir kommen auch keine schlauen Worte in den Sinn. Ich leide mit dir und umarme dich.« Sie schrieb nicht: »Hey, Gott meint es gut, halte fest.« Sondern sie erkannte zunächst einmal an, dass es einfach schlimm war. Fertig.

In solchen Fällen, finde ich, ist es das Beste zu sagen: »Ich sitze hier auch und weine. Ich kann es nicht erklären. Ich kann jetzt einfach nur mit der Person sein.« Sie schrieb weiter: »Aber dieser Vers kam mir in Bezug auf deine Situation in den

Sinn: ›Sorgt euch um nichts, sondern betet um alles. Sagt Gott, was ihr braucht, und dankt ihm. Ihr werdet Gottes Frieden erfahren, der größer ist, als unser menschlicher Verstand es je begreifen kann. Sein Friede wird eure Herzen und Gedanken im Glauben an Jesus Christus bewahren‹ (Philipper 4,6-7).«

Das traf mein Herz so, weil ich merkte: Genau das war meine Frage. Ich wollte es verstehen: Warum wird mir mein Kind genommen und andere, die keines wollten, bekommen eins? Ich kannte den Vers vorher eher aus der Luther-Übersetzung, in der es heißt: »der Friede, der höher ist als alle Vernunft«. Ich hatte das vorher nie so richtig kapiert, aber mit dieser Übersetzung war für mich klar: Ich musste es nicht verstehen. Dieser Vers tröstete mich auf unglaubliche Weise.

Natürlich trauerten wir trotzdem. Ich weiß noch genau, wie Tobi und ich im Dachgeschoss auf dem Boden saßen und gemeinsam um unsere Zwillinge weinten. In der Bibel gibt es viele Verse, in denen mit richtig drastischen Worten die Ungerechtigkeiten des Lebens, andere Menschen und auch Gott angeklagt werden. Manchmal schreibe ich ebenfalls solche Gedanken auf und klage Gott an, wenn ich etwas ungerecht finde. Ich glaube, wir dürfen keine Angst davor haben, Gott diese Gefühle und die echten Fragen, die uns umtreiben, ehrlich zu sagen. Die Seele braucht Raum, in dem sie weinen, trauern und anklagen kann und wütend sein darf. Gott hält das aus. Auch wenn wir im ersten Moment sagen: »Ich weiß gerade wirklich nicht mehr, was ich dir glauben kann. Oder ob ich dich noch richtig verstehe.« Es ist ein Ringen, wie in Psalm 73,23, wo es am Ende heißt: »Dennoch bleibe ich stets an dir« (LUT). Ich glaube, dass eine Chance darin liegt, im Schmerz zu Gott zu rennen, statt sich von ihm zu distanzieren, weil sonst der Glaube vielleicht daran zerbricht.

Tobi und ich entschieden uns bewusst dazu, die Warum-Frage zur Seite zu legen. Sie macht einen einfach verrückt, man kann ja nur spekulieren: »Denkt Gott, wir schaffen das nicht? Oder hätten es die Kinder nicht gut bei uns?« Manchmal, ganz selten, gibt Gott eine individuelle Antwort, wie zum Beispiel: »Ihr habt doch noch ein Baby.« In der Situation nach der Fehlgeburt erlebte ich jedoch so stark wie sonst selten, dass Gott durch die Bibel zu mir spricht. Ich spürte richtig, dass sein Friede in mein Herz einzog, wie es im Vers steht. Und dass es nicht um mein Verstehen ging, sondern vielmehr darum, dass mein Herz wieder Hoffnung findet.

Die Kindersegnung war trotzdem nicht einfach für mich. Geplant war, dass Tobi und ich je fünf Kinder segneten. Am Sonntagmorgen wusste ich immer noch nicht, ob ich das schaffen würde oder die Aufgabe lieber abgeben sollte. Ich wollte die Kinder auch nicht lieblos segnen. Vor dem Gottesdienst hatte ich wie jeden Sonntag eine Gebets- und Austauschgruppe per Videocall mit einigen anderen Pastorinnen. In diese kam ich also mit meinem Schmerz und meiner Unsicherheit darüber, wie ich drei Stunden später die Kindersegnung hinbekommen sollte. Jemand aus der Runde schlug vor, gemeinsam Psalm 27 zu lesen. Der letzte Vers lautet in der Hoffnung-für-alle-Übersetzung: »Vertraue auf den Herrn! Sei stark und mutig, vertraue auf den Herrn.« Innerlich regte ich mich darüber auf, dass da stand: »Sei stark.« Wie sollte ich denn jetzt stark sein – nach allem, was noch ein paar Tage vorher in meinem Körper passiert war? Aber dann las meine Freundin den Vers aus der Neues-Leben-Übersetzung vor, und da stand: »Sei mutig und tapfer «, anstatt »sei stark und mutig«.

In dem Moment dachte ich: »Tapfer, das ist genau das Wort, um das es jetzt geht. Tapfer kann ich jetzt sein. Es hat viel mit Tapferkeit zu tun, mich dieser Situation zu stellen.« Und so konnte ich trotz allem die Kinder und die Familien aus vollstem Herzen segnen und mich wirklich für sie freuen. Diese beiden Bibelverse waren für mich Schätze, die Gott mir in dieser Situation ins Herz schrieb und die mich spüren ließen, was die Bibel als Gottes Wort für eine Kraft hat.

Manchmal erlebt man einen solchen Trost auch nur, wenn man einen so tiefen Schmerz erlebt hat. Natürlich würde ich diese Situation mit allen körperlichen und seelischen Schmerzen nicht mehr wieder erleben wollen. Trotzdem würde ich aber auch nicht missen wollen, was Gott dadurch in mir getan hat. Die Erfahrung hat meinen Glauben geläutert und mich barmherziger und weicher gemacht. Gerade in Bezug auf das Thema Fehlgeburt, das ich früher in seiner Tragweite nicht richtig nachvollziehen konnte.

Und wir erfuhren trotzdem, wie gut Gott ist. Tobi und mich entfremdete die Erfahrung nicht voneinander. Auch wenn er anders trauerte als ich. Es war für ihn sogar ein noch größerer Schmerz als für mich, er erlebte es viel schlimmer. Im Vergleich zu ihm fühlte ich mich schneller getröstet. Aber wir gingen eng miteinander durch diesen Prozess.

Die Zwillinge gehören immer noch fest zu unserer Familie, wir haben ihnen sogar Namen gegeben. Für den Transfer zur S-Bahn haben wir ein Fahrrad, das wir mit einem Zahlenschloss am Bahnhof angeschlossen haben. Die Zahl dafür war früher 3007, als Anspielung darauf, dass wir drei Geheimagenten sind. Den Code änderten wir dann auf 5007. Die Zwillinge haben uns einfach als Familie zusammengesetzt. Manchmal überlegen wir auch, wie alt sie jetzt wären und wie sie hier herumwuseln würden.

Ich habe eine Postkarte, auf der eine Frau freihändig Fahrrad fährt und auf der steht: »Wer loslässt, hat beide Hände frei.« Es ist ein Schlüssel, Gott Dinge abzugeben und sagen zu können: »Ich nenne dir meine Wünsche. Aber ich vertraue dir, was du daraus machst.« Es gab viele Momente, in denen wir sahen, dass im Schmerz auch viel verborgene Schönheit liegen kann, wenn man loslässt – und wenn man Gott lässt.

In Psalm 37,4 heißt es: »Freu dich am Herrn, und er wird dir geben, was dein Herz wünscht.« Ich merke manchmal, dass ich meinem Herzen gar nicht immer trauen kann, dass das, was ich mir wünsche, wirklich das Beste für mich ist. Letztendlich geht es um eine Entscheidung. Für mich ist meine Lebensgrundlage die Entscheidung zu glauben, dass Gott es gut mit mir meint und ich ihm vertrauen kann. Auch wenn es manchmal über mein Verstehen hinausgeht, wie es in dem Vers aus dem Philipperbrief heißt. Diese Entscheidung ist für mich unantastbar. Genauso, wie ich mich damals dafür entschied, mein Leben lang mit Tobi zusammen zu sein – auch wenn es da gute und schlechte Zeiten gibt. Ich darf damit auch immer wieder ringen.

Mein Beispiel fühlt sich im Vergleich vielleicht nicht so dramatisch an wie manches, was andere aus meinem Umfeld an Schwerem erlebt haben. Manchmal habe ich auch das Gefühl, gar kein richtiges Mandat zu haben, etwas sagen zu können – wir haben ja zumindest ein Kind und ich weiß nicht, wie es wäre, wenn wir gar keines hätten. Von einigen Frauen aus unserer Kirche, die mit Kinderlosigkeit zu kämpfen haben, weiß ich, dass der Muttertag für sie der schlimmste Tag im Jahr ist. Für andere ist es ein unerfüllter Partnerwunsch. Oder das Thema Gesundheit, oder – auf banalerer Ebene – der Wunsch nach einem Eigenheim, der nicht in Erfüllung geht. All das hat viel mit Loslassen zu tun. Und mit der Frage danach, ob ich wirklich glaube, dass Gott es gut mit mir meint. Mir geht es nicht darum, dass wir uns selbst geißeln oder uns dazu zwingen, ganz stark im Glauben zu sein. Sondern dass wir ehrlich hinschauen und uns fragen: Warum fällt es mir gerade so schwer, Gott zu vertrauen?

Wenn ich auf mein bisheriges Leben blicke, weiß ich, dass ich ihm vertrauen kann. Er hat schon viel auf dieses Konto eingezahlt. Natürlich könnte man von außen betrachtet sagen, dass es auch einiges in meinem Leben nicht gibt, was man sich noch wünschen könnte. Aber ich fühle mich gesegnet und finde, dass ich alles habe, was ich brauche. Das ist auch eine Frage der Einstellung. Aus schweren Zeiten kann man trotz aller Fragen und allem Schmerz gestärkt herauskommen.

Vielleicht kann man es mit einem Glas vergleichen, das bis zum Rand gefüllt ist. Kommt noch ein Tropfen hinzu, läuft es über. Wenn etwas Bitteres drin ist, läuft eben das Bittere über. Dann kann man fragen, was es so bitter gemacht hat. Es war ja wahrscheinlich vorher schon da. Damit ist eine Krise auch eine riesige Chance dahinterzukommen, was die Herzenswünsche sind, die Gott meiner Meinung nach unbedingt erfüllen müsste. Warum ich mich an diese Wünsche so klammere oder warum es mich so sehr trifft. Ich würde sagen, bei mir ist das Glas übergelaufen von diesem tiefen Vertrauen, dass Gott es gut meint.

WAS BLEIBT

Wir sind noch längst nicht fertig. Wir haben immer noch sehr viele Fragen und die Erkenntnisse, die wir gewonnen haben, haben wir noch längst nicht alle ins Leben umgesetzt. Was wir aber aus den vielen Gesprächen, die wir für dieses Buch geführt haben, mitgenommen haben: eine große Lust darauf, das Leben zu leben, das ganze, große, wilde Leben, mit allem, was es bringt, und nicht auszuweichen oder uns zu verstecken.

Und dann ist das Leben eben kein Online-Versandhaus. Es kommt ohne Rücksendeschein, ohne 100-Tage-Umtauschrecht. Man kriegt das eine Leben und muss es nehmen. Aber auch: Man darf dieses eine Leben leben und jeden Tag gestalten, jeden Tag Entscheidungen treffen.

Uns machen die Geschichten in diesem Buch Hoffnung, dass aus jedem Päckchen noch was zu machen ist. Dass ein Rückschlag, ein Schmerz nicht das Ende bedeuten muss. Und dass die Umstände von außen, die Krankheit, das Leid nicht bestimmen müssen, wer wir sind.

Wir können unsere Erlebnisse nicht ändern, aber deren Deutung und unsere Haltung. Die Vergangenheit können wir nicht umgestalten, aber unsere Zukunft.

Wer eine Krise erlebt hat, bleibt nicht derselbe. Die Erfahrungen verändern uns. Vielleicht fällen wir nicht mehr so schnell Urteile über andere. Vielleicht machen die Erlebnisse uns weicher oder offener für bestimmte Themen, für die wir vorher keinen Blick hatten. Wenn wir Gott nicht nur in den Höhepunkten unseres Lebens begegnet sind, sondern auch im Dunkeln oder im Schmerz, verleiht das unserer Beziehung zu ihm eine andere Tiefe.

Manches Mal wandelte sich in der Krise auch das Gottesbild. Gott offenbarte sich in den schweren Zeiten oder danach als viel weniger kleinkariert, als man das vorher geglaubt hätte. Oder er ist vielleicht sogar noch weniger greifbar oder berechenbar als vorher. Manche unserer Gesprächspartnerinnen beschrieben, dass ihre Beziehung zu Jesus ehrlicher und unmittelbarer wurde. Dass sich die Art veränderte, wie sie seitdem beten. Natürlich – wir haben schon in der Kinderstunde gelernt, dass Gott kein Automat ist, der uns alle unsere Wünsche erfüllt. Wir wünschen uns eine Beziehung zu Gott, die gereift ist und nicht transaktional. Aber müssen wir immer auf die harte Tour dahinkommen?

Wir haben uns vorgenommen, festzuhalten. An Gott, am Leben, an der Hoffnung. Einzelne Sätze, die wir während der Arbeit an diesem Buch gehört, gelernt und über die wir nachgedacht haben, wollen wir im Herzen behalten. Vielleicht klappt es noch nicht gleich, künftige Krisen so sportlich zu nehmen, wie wir das gerade vorhaben. Aber wir haben trotzdem das Gefühl, dass wir nun besser gerüstet sind. Wir hoffen, dass es auch Ihnen so geht.

»Dunkelheit ist mein bester Freund« – ganz zu Beginn dieses Buchprojekts hörten wir eine Predigt von Timothy Keller, dem Gründer der *Redeemer Presbyterian Church* in Manhattan. Sie ging über Psalm 88, der mit dieser wirklich deprimierenden Zeile endet. Die Predigt hingegen war so ermutigend. Nicht, weil Keller versprechen konnte, dass wir uns nicht auch einmal so fühlen würden wie der Verfasser des Psalms: verlassen und allein in einer großen Dunkelheit. Sondern weil Gott selbst diese Finsternis nicht schreckt. Gott ist da und bleibt und hält mit uns aus. Das tröstet nachhaltig.

Wir sind unseren Interviewpartnerinnen so dankbar für ihre Offenheit. Und dass sie den Mut fanden, ihre Geschichte zu erzählen. Dass sie bereit waren, ihr Herz mit vielen anderen zu teilen, auch wenn das nicht immer einfach war.

Debora brachte vom Besuch im Corrie-ten-Boom-Haus in Haarlem ein Lesezeichen mit. Darauf abgebildet ist die Unterseite einer Stickerei, die Corrie ten Boom oft auf Vorträgen zeigte. Sie, die im KZ litt und ihre Schwester und ihren Vater verlor, sagte darüber, dass die Fäden unseres Lebens oft so verknotet und wirr erscheinen wie die Rückseite einer Stickerei. Erst in der Ewigkeit, wenn wir die Vorderseite sehen können, ergibt sich ein Muster, und die Schönheit der Fäden und die Art und Weise, wie sie zusammengewebt sind, wird sichtbar. Es ist ein tröstliches Bild dafür, dass wir vielleicht irgendwann eine Erklärung für dieses ganze Chaos bekommen werden. Bis dahin versuchen wir, mutig weiterzugehen. Mit dem Blick in die Zukunft gerichtet, nach vorne und nach oben. Vielleicht haben Sie Lust, Ihre Geschichte mit uns zu teilen. Besuchen Sie uns auf Instagram @nichtbestellt. Wir würden uns sehr über eine persönliche Nachricht freuen!

Wir wünschen Ihnen Mut und Hoffnung im Herzen.

Auf das Leben!

Debora Kuder und Sarina Pfauth

BILDNACHWEIS

© Debora Kuder
Seite: 21, 29, 35, 40, 57, 72, 96, 126, 151, 154, 164, 170, 186, 198, 201

© Laura Langenberg
(Maison Atemraub)
Seite: 100

© Sarina Pfauth
Seite: 67, 120, 132

© Stefan Pfeiffer
Seite: 73

© privat
Seite: 11, 41, 52, 88, 133

© Lissy Schneider
Seite: 193

© Selina Sievers
(@madebyselina)
Seite: 62

© Rudi Töws
Seite: 144

© Ines Viebahn
Seite: 107

© Elke Weißschuh
(Liebenzeller Mission)
Seite: 151

Daniela Mailänder

Herzheimat

Dort ankommen, wo Gott auf dich wartet

Daniela Mailänder erkennt, dass sie ihre Heimat verloren hat und sie sich ihrer Seele zuwenden muss, wo Gott bereits auf sie wartet. Denn er ist beständig und stützt ihren Alltag. Sie stellt ganz praktische Aspekte vor, wie es gelingt die Gottesbeziehung zu pflegen.

Flexcover, 13,5 x 21,5 cm, 192 S.,
2-farbig mit Leseband
ISBN 978-3-417-26858-4
Auch als E-Book e

SCM
R.Brockhaus